REA's *interactive*
flashcards™

FRENCH

**Staff of Research and Education Association,
Dr. M. Fogiel, Director**

 Research & Education Association
61 Ethel Road West
Piscataway, New Jersey 08854

REA's INTERACTIVE FLASHCARDS™ FRENCH

Printed in the United States of America

Library of Congress Catalog Card Number 98-67213

International Standard Book Number 0-87891-159-6

Research & Education Association, Piscataway, New Jersey 08854

REA's Interactive Flashcards

What they're for

How to use them

They come in a book, not in a box of hundreds of loose cards.

They are most useful as test time approaches to help you check your test readiness.

They are a good tool for self-study and also for group study. They can even be used as a competitive game to see who scores best.

They work with any text.

The interactive feature is a unique learning tool. With it, you can write in your own answer to each question which you can then check against the correct answer provided on the flip side of each card.

You will find that the flashcards in a book have several advantages over flashcards in a box.

You don't have to cope with hundreds of loose cards. Whenever you want to study, you don't have to decide beforehand which cards you are likely to need; you don't have to pull them out of a box (and later return them in their proper place). You can just open the book and get going without ado.

A very detailed index will guide you to whatever topics you want to cover.

A number of blank card pages is included, in case you want to construct some of your own Q's and A's.

You can take along REA's flashcard book anywhere, ready for use when you are. You don't need to tote along the box or a bunch of loose cards.

REA's Flashcard books have been carefully put together with REA's customary concern for quality. We believe you will find them an excellent review and study tool.

Dr. M. Fogiel
Program Director

P.S. As you could tell, you could see all the flashcards in the book while you were in the store; they aren't sealed in shrink-wrap.

HOW TO USE THE FLASHCARDS IN THIS BOOK

You will encounter several types of questions in this book. They include translations and several types of fill-in-the blank questions.

You will encounter some questions in French with words in parentheses that are also in French. When you do, fill in the blank. Here is an example:

Question:

Il faut que je _____ (finir) mes devoirs.

Answer:

finisse

In some other instances, you will find a phrase or sentence in French with a blank space. For those questions, the answer should complete the phrase or sentence. Here is an example:

Question:

C'est _____ filles de faire les courses.

Answer:

aux

Questions

Q1

Nous _____ (aller) voir l'ami de Frank ce soir.

*Your Own Answer*_____

Q2

Ce matin elle (avoir)_____ mal à la tête à cause de son accident hier.

*Your Own Answer*_____

Q3

Le garçon _____ (regarder) la télévision et tout à coup il a pu comprendre l'histoire.

*Your Own Answer*_____

Correct Answers

A1

allons

A2

avait

A3

regardait

Questions

Q4

Nous écrivions une carte postale quand le train _____ (arriver).

*Your Own Answer*_____

Q5

Joe était fatigué et il ne _____ (vouloir) pas manger.

*Your Own Answer*_____

Q6

Il a _____ (rire).

*Your Own Answer*_____

Correct Answers

A4

est arrivé

A5

voulait

A6

ri

Questions

Q7

Nous n'avons plus parlé de _____ (Joe).

*Your Own Answer*_____

_____

Q8

Chris n'est jamais allé _____ (à) France.

*Your Own Answer*_____

_____

Q9

Il a _____ (offrir) une fleur.

*Your Own Answer*_____

_____

Correct Answers

A7

lui

A8

en

A9

offert

Questions

Q10

Les _____ (journal) se vendent au magasin.

*Your Own Answer*_____

_____

Q11

Ça ne se _____ (faire) pas ici.

*Your Own Answer*_____

_____

Q12

Quand je _____ (être) à New York, j'irai la voir.

*Your Own Answer*_____

_____

Correct Answers

A10

journaux

A11

fait

A12

serai

Questions

Q13

Je ne sais pas quand elle _____ (partir) demain.

*Your Own Answer*_____

_____

Q14

Demain, j'_____ (essayer) de téléphoner.

*Your Own Answer*_____

_____

Q15

Quand tu _____ (être) à Paris, appelle-moi!

*Your Own Answer*_____

_____

Correct Answers

A13

partira

A14

essaierai

A15

seras

Questions

Q16

Tu as _____ (ouvrir) la porte!

*Your Own Answer*_____

Q17

Jean a déjà _____ (recevoir) le papier.

*Your Own Answer*_____

Q18

Hier, j'ai _____ (recevoir) le cadeau que Jean
_____ (envoyer) il y a deux jours.

*Your Own Answer*_____

Correct Answers

A16

ouvert

A17

reçu

A18

reçu, avait envoyé

Questions

Q19

George était déjà arrivé quand nous _____ (téléphoner).

*Your Own Answer*_____

Q20

Isabelle oubliait toujours le nom des gens qu'elle _____ (rencontrer).

*Your Own Answer*_____

Q21

Je _____ (boire) du vin demain.

*Your Own Answer*_____

Correct Answers

A19

avons téléphoné

A20

avait rencontrés

A21

boirai

Questions

Q22

Après _____ rentrée, elle a senti une mauvaise odeur.

*Your Own Answer*_____

Q23

Il nous _____ (écrire) avant de partir.

*Your Own Answer*_____

Q24

Ils se sont _____ (rencontrer) à l'école.

*Your Own Answer*_____

Correct Answers

A22

être

A23

écrira

A24

rencontrés

Questions

Je peux (passé simple).

*Your Own Answer*_____

Je vois (passé simple).

*Your Own Answer*_____

Je finir (passé simple).

*Your Own Answer*_____

Correct Answers

A25

Je pus.

A26

Je vis.

A27

Je finis.

Questions

Q28

Il donne un coup de main <u>à Marie.</u>
Il _____ donne un coup de main.

*Your Own Answer*_____

Q29

Je donne la lettre <u>à ma mère.</u>
Je _____ donne la lettre.

*Your Own Answer*_____

Q30

Les chaussettes ne sont pas les _____ (nous).

*Your Own Answer*_____

Correct Answers

A28

lui

A29

lui

A30

nôtres

Questions

Q31

Il _____ (au garçon) a parlé.

*Your Own Answer*_____

Q32

Il faut téléphoner <u>à ma mère.</u>
Il faut _____ téléphoner.

*Your Own Answer*_____

Q33

Donne les fleurs à _____ (ils) mère.
Donne les fleurs à _____ (ils) amies.

*Your Own Answer*_____

Correct Answers

A31

lui

A32

lui

A33

leur, leurs

Questions

Nous envoyons une lettre <u>à Pierre.</u>
Nous _____ envoyons une lettre.

*Your Own Answer*_____

_____

Il me donne <u>le bouquet de fleurs.</u>
Il _____ donne.

*Your Own Answer*_____

_____

Les fleurs sont <u>sur la table.</u>
Les fleurs _____ sont.

*Your Own Answer*_____

_____

Correct Answers

A34

lui

A35

me, le

A36

y

Questions

Q37

Il va à l'aéroport? Il _____ va.

*Your Own Answer*_____

Q38

Nous envoyons une lettre <u>à Paul et à Mimi.</u>
Nous _____ envoyons une lettre.

*Your Own Answer*_____

Q39

Ta robe est _____ (mignon).

*Your Own Answer*_____

Correct Answers

A37

y

A38

leur

A39

mignonne

Questions

Q40

_____ danses bien.

*Your Own Answer*_____

Q41

_____ aimons faire la fête.

*Your Own Answer*_____

Q42

_____ partez à l'heure.

*Your Own Answer*_____

Correct Answers

A40

Tu

A41

Nous

A42

Vous

Questions

Q43

_____ faites la cuisine.

Your Own Answer_____

Q44

_____ faites la vaisselle ce soir <u>et la</u> ferai demain.

Your Own Answer_____

Q45

_____ est fatiguée avec eux.

Your Own Answer_____

Correct Answers

Vous

Vous, je

Elle

Questions

Réponds <u>à ta mère.</u> Réponds _____.

*Your Own Answer*_____

C'est _____(il) tante.

*Your Own Answer*_____

_____ (nous) maison est ici.

*Your Own Answer*_____

Correct Answers

A46

lui

A47

sa

A48

Notre

Questions

Q49

Ce sont _____ (ils) lampes?

*Your Own Answer*_____

Q50

_____ (elle) chansons? _____ (quel) chansons?

*Your Own Answer*_____

Q51

La voiture est _____ (le mien).

*Your Own Answer*_____

Correct Answers

A49

leurs

A50

Ses, quelles

A51

la mienne

Questions

Q52

Les livres sont _____ (le tien).

*Your Own Answer*_____

Q53

Les chaises sont _____ (le nôtre).

*Your Own Answer*_____

Q54

Les lunettes appartiennent _____ elle.

*Your Own Answer*_____

Correct Answers

A52

les tiens

A53

les nôtres

A54

à

Questions

Q55

Elle chante. Qui chante? C'est _____.

*Your Own Answer*_____

Q56

Voilà l'endroit _____ Bill travaille.

*Your Own Answer*_____

Q57

Le livre _____ tu cherches est à côté de moi.

*Your Own Answer*_____

Correct Answers

A55

elle

A56

où

A57

que

Questions

Q58

Tu _____ (se coucher) à minuit?

*Your Own Answer*_____

Q59

Il parle <u>à sa mère.</u> Il _____ parle.

*Your Own Answer*_____

Q60

Samantha parle <u>à ses amies.</u> Samantha _____ parle.

*Your Own Answer*_____

Correct Answers

A58

te couches

A59

lui

A60

leur

Questions

Q61

Il pense à <u>sa copine</u> et il va à <u>Paris</u>.
Il pense à _____ et il _____ va.

*Your Own Answer*_____

Q62

Je mets mes papiers <u>dans le livre</u>.
J' _____ mets mes papiers.

*Your Own Answer*_____

Q63

_____ le monde (Tout).
_____ la famille (Tout).
_____ le gâteau (Tout).

*Your Own Answer*_____

Correct Answers

A61

elle, y

A62

y

A63

Tout
Toute
Tout

Questions

_____ (Tout) mes amies.

*Your Own Answer*_____

Je comprends _____ (tout) les questions.

*Your Own Answer*_____

_____ vais au travail.
_____ travaillons.

*Your Own Answer*_____

Correct Answers

A64

Toutes

A65

toutes

A66

Je
Nous

Questions

Q67

Il _____ (danser) maintenant.

*Your Own Answer*_____

_____

Q68

Ils _____ (se peigner) les cheveux.

*Your Own Answer*_____

_____

Q69

Pierre aime la fille.
Pierre _____ aime.

*Your Own Answer*_____

_____

Correct Answers

A67

danse

A68

se peignent

A69

l'

Questions

Q70

Elles _____ (se brosser) les cheveux.

*Your Own Answer*_____

_____

Q71

Donne-moi _____ petit verre _____ eau
et nous resterons _____ bons amis.

*Your Own Answer*_____

_____

Q72

C'est une _____ maison (grand).
La fleur est _____ (beau).

*Your Own Answer*_____

_____

Correct Answers

A70

se brossent

A71

un, d', de

A72

grande
belle

Questions

Q73

John est _____ et ses soeurs sont _____ (blond).

*Your Own Answer*_____

Q74

Les _____ (vieux) maisons se trouvent à Paris.

*Your Own Answer*_____

Q75

Elle porte une chemise _____ (blanc) et un pantalon _____ (noir).

*Your Own Answer*_____

Correct Answers

A73

blond, blondes

A74

vieilles

A75

blanche, noir

Questions

Q76

Le frère est plus _____ (petit) que sa soeur, mais sa soeur est plus _____ (grand).

*Your Own Answer*_____

Q77

Il y avait des esprits _____ (vif) dans la maison.

*Your Own Answer*_____

Q78

Il y a une femme _____ (sérieux) parmi les gens _____ (sérieux).

*Your Own Answer*_____

Correct Answers

A76

petit, grande

A77

vifs

A78

sérieuse, sérieux

Questions

Q79

Leur maison est _____ (petit) que la nôtre.

*Your Own Answer*_____

Q80

Il a choisi les jeux pour <u>les enfants</u>. Il a choisi les jeux pour _____.

*Your Own Answer*_____

Q81

Ce sont _____ (je) amies.

*Your Own Answer*_____

Correct Answers

A79

plus petite

A80

eux

A81

mes

Questions

_____ jour sommes-nous (Quel)?
On va à _____ plage (quel)?
_____ amies viennent ce soir (Quel)?

*Your Own Answer*_____

_____

Il est une heure et _____ de l'après-midi.
(1:30)

*Your Own Answer*_____

_____

Il est midi et _____ (12:30).

*Your Own Answer*_____

_____

Correct Answers

A82

Quel
quelle
Quelles

A83

demie

A84

demi

Questions

Q85

Un _____ (beau) appartement

*Your Own Answer*_____

Q86

De _____ (vieux) ports

*Your Own Answer*_____

Q87

Une _____ (beau) fille

*Your Own Answer*_____

Correct Answers

A85

bel

A86

vieux

A87

belle

Questions

Q88

De _____ (nouveau) histoires.

*Your Own Answer*_____

Q89

Elle a _____ jolis chapeaux.

*Your Own Answer*_____

Q90

La nourriture est _____ (bon).

*Your Own Answer*_____

Correct Answers

A88

nouvelles

A89

de

A90

bonne

Questions

Q91

Son gâteau est _____ (bon) que le mien.

*Your Own Answer*_____

_____

Q92

Un _____ (beau) arbre

*Your Own Answer*_____

_____

Q93

Des gens _____ (heureux)

*Your Own Answer*_____

_____

Correct Answers

A91

meilleur

A92

bel

A93

heureux

Questions

Q94

Les cravates sont _____ (bleu).

*Your Own Answer*_____

_____

Q95

Les fleurs sont _____ (blanc).

*Your Own Answer*_____

_____

Q96

Nous avons lu _____ (l') histoire triste.

*Your Own Answer*_____

_____

Correct Answers

A94

bleues

A95

blanches

A96

une

Questions

Q97

Y a-t-il des _____ (animal) chez vous?

*Your Own Answer*_____

_____

Q98

_____ vitamines sont bonnes pour _____ santé.

*Your Own Answer*_____

_____

Q99

Il n'a pas mangé beaucoup _____ beignets.

*Your Own Answer*_____

_____

Correct Answers

A97

animaux

A98

Les, la

A99

de

Questions

Q100

D'habitude, il prenait _____ thé le matin.

*Your Own Answer*_____

Q101

Non merci, je ne veux pas _____ eau parce que je n'aime pas _____ eau.

*Your Own Answer*_____

Q102

La fille ne veut plus _____ problèmes.

*Your Own Answer*_____

Correct Answers

A100

du

A101

d', l'

A102

de

Questions

Q103

Il ne porte jamais _____ cravate.

*Your Own Answer*_____

_____

Q104

Il n'avait pas assez _____ argent pour le train.

*Your Own Answer*_____

_____

Q105

Elle aime _____ pain.

*Your Own Answer*_____

_____

Correct Answers

A103

de

A104

d'

A105

le

Questions

Q106

_____ eau est bonne pour la santé.

*Your Own Answer*_____

Q107

Le ciel, le lit et la nappe sont tous _____ (bleu).

*Your Own Answer*_____

Q108

L'enfant répond <u>à sa mère.</u> L'enfant _____ répond. L'enfant répond <u>à ses questions.</u> L'enfant _____ répond.

*Your Own Answer*_____

Correct Answers

A106

L'

A107

bleus

A108

lui, y

Questions

Q109

Les enfants obéissent <u>aux règles.</u>
Les enfants _____ obéissent.

*Your Own Answer*_____

Q110

Je pense souvent à mon voyage au Mexique.
J' _____ pense souvent.

*Your Own Answer*_____

Q111

Je pense à ma copine.
Je pense à _____ .

*Your Own Answer*_____

Correct Answers

A109

y

A110

y

A111

elle

Questions

Q112

As-tu <u>beaucoup de timbres?</u> Oui, _____ ai.

*Your Own Answer*_____

Q113

Mon frère revient de New York. Mon frère _____ revient.

*Your Own Answer*_____

Q114

Est-ce qu'il parle <u>de son voyage?</u> Est-ce qu'il _____ parle?

*Your Own Answer*_____

Correct Answers

A112

j'en

A113

en

A114

en

Questions

Q115

Combien d'enfants as-tu? J' _____ ai quatre.

*Your Own Answer*_____

Q116

Il parle <u>de ses amis.</u> Il _____ parle.

*Your Own Answer*_____

Q117

Paul _____ (promener) son chien demain.

*Your Own Answer*_____

Correct Answers

A115

en

A116

en

A117

promènera

Questions

Q118

Il faut que nous _____ (chercher) des livres.

*Your Own Answer*_____

Q119

On fait _____ tour en haut de _____ tour.

*Your Own Answer*_____

Q120

Puisqu'Aimée _____ (avoir) mal au dos, elle ne pouvait pas marcher vite.

*Your Own Answer*_____

Correct Answers

A118

cherchions

A119

le, la

A120

avait

Questions

Q121

Il faisait très beau et nous _____ (avoir) envie de rester au jardin.

*Your Own Answer*_____

Q122

Tous les matins je me _____ (promener) au bord de la mer.

*Your Own Answer*_____

Q123

Quand nous parlions, elle _____ (regarder) la télévision.

*Your Own Answer*_____

Correct Answers

A121

avions

A122

promenais

A123

regardait

Questions

Q124

Avant que tu _____ (faire) la vaisselle, je vais téléphoner à mon amie.

*Your Own Answer*_____

Q125

J' avais six ans quand Emmanuel _____ (avoir) dix ans.

*Your Own Answer*_____

Q126

J'aurais _____ (vouloir) la voir.

*Your Own Answer*_____

Correct Answers

A124

fasses

A125

avait

A126

voulu

Questions

Elle serait _____ (aller) avec toi.

*Your Own Answer*_____

Si j'ai le temps, j'_____ (aller) avec lui.

*Your Own Answer*_____

Si j'avais eu le temps, je _____ (être) allé.

*Your Own Answer*_____

Correct Answers

A127

allée

A128

irai

A129

serais

Questions

Il faut que tu _____ (dormir) bien.

*Your Own Answer*_____

Nous _____ (tomber) de l'escalier.

*Your Own Answer*_____

Ils _____ (venir) de Nice hier.

*Your Own Answer*_____

Correct Answers

A130

dormes

A131

sommes tombés

A132

sont venus

Questions

Q133

Elles sont _____ (naître).

*Your Own Answer*_____

Q134

Marianne est _____ (tomber).

*Your Own Answer*_____

Q135

Il _____ (rentrer) à deux heures.

*Your Own Answer*_____

Correct Answers

A133

nées

A134

tombée

A135

est rentré

Questions

Yvonne m'a _____ (passer) le vin.

*Your Own Answer*_____

Mathieu a _____ (descendre) les clefs.

*Your Own Answer*_____

Est-ce que Jacques _____ (téléphoner)?

*Your Own Answer*_____

Correct Answers

A136

passé

A137

descendu

A138

a téléphoné

Questions

Q139

Ils _____ (partir) hier.

*Your Own Answer*_____

_____

Q140

D'habitude, je_____(donner) deux francs.

*Your Own Answer*_____

_____

Q141

Il _____ (manger) toujours à cinq heures en juin.

*Your Own Answer*_____

_____

Correct Answers

A139

sont partis

A140

donnais

A141

mangeait

Questions

Q142

J' _____ (être) triste pendant toute la journée.

*Your Own Answer*_____

Q143

Hier, je _____ (aller) au marché.

*Your Own Answer*_____

Q144

Tu _____ (arriver) à midi, Marie?

*Your Own Answer*_____

Correct Answers

A142

étais

A143

suis allé(e)

A144

es arrivée

Questions

Q145

Elle _____ (devenir) actrice.

*Your Own Answer*_____

Q146

Ils _____ (rentrer) hier.

*Your Own Answer*_____

Q147

Marie dit: "Je _____ (rester) chez moi hier."

*Your Own Answer*_____

Correct Answers

A145

est devenue

A146

sont rentrés

A147

suis restée

Questions

Q148

Madame Vert, vous _____ (entrer) dans le living hier?

*Your Own Answer*_____

Q149

Ils _____ (mourir) hier.

*Your Own Answer*_____

Q150

Michel et moi, nous _____ (naître) le 4 août.

*Your Own Answer*_____

Correct Answers

A148

êtes entrée

A149

sont morts

A150

sommes nés

Questions

Q151

Hier, ils _____ (partir).

Your Own Answer_____

Q152

Marie _____ (retourner) hier.

Your Own Answer_____

Q153

Gigi, tu _____ (sortir) avec lui hier.

Your Own Answer_____

Correct Answers

A151

sont partis

A152

est retournée

A153

es sortie

Questions

Ne parlons pas <u>à Emmanuel</u>!
Ne _____ parlons pas!

*Your Own Answer*_____

Hier tu _____ (donner) le livre.

*Your Own Answer*_____

L'année passée, je _____ (vivre) intensément.

*Your Own Answer*_____

Correct Answers

A154

lui

A155

as donné

A156

vivais

Questions

Les chemises? Anne les a _____ (prendre).

*Your Own Answer*_____

On a vendu la voiture. On l'a _____ .

*Your Own Answer*_____

As-tu rencontré Renée? Oui, je l'ai _____ .

*Your Own Answer*_____

Correct Answers

A157

prises

A158

vendue

A159

rencontrée

Questions

Nous avons téléphoné à nos amis. Nous leur avons _____ .

*Your Own Answer*_____

Mange _____ soupe!

*Your Own Answer*_____

Réponds à la question. (Mettez la phrase au négatif.)

*Your Own Answer*_____

Correct Answers

A160

téléphoné

A161

ta

A162

Ne réponds pas à la question.

Questions

Q163

Prenez votre parapluie! Prenez-_____ !

*Your Own Answer*_____

Q164

Ferme la porte! Ferme-_____ !

*Your Own Answer*_____

Q165

Georges, _____ (être) sage!

*Your Own Answer*_____

Correct Answers

A163

le

A164

la

A165

sois

Questions

Q166

Antoine, n' _____ (avoir) pas peur!

*Your Own Answer*_____

Q167

Regarde <u>la femme!</u> Regarde- _____ !

*Your Own Answer*_____

Q168

Ecrivez- _____ (je)!

*Your Own Answer*_____

Correct Answers

A166

aies

A167

la

A168

moi

Questions

Q169

Ne regarde pas <u>la télévision!</u> Ne _____ regarde pas!

Your Own Answer _____

Q170

Adrien est à Paris. Adrien _____ est.

Your Own Answer _____

Q171

Je pense <u>à mon amie.</u> Je pense à _____ .

Your Own Answer _____

Correct Answers

A169

la

A170

y

A171

elle

Questions

Qui parle? C'est _____ (il).

*Your Own Answer*_____

Je ne comprends pas _____ Jake dit.

*Your Own Answer*_____

Tu as vendu un manteau <u>à Bob.</u> Tu _____ as
vendu un manteau.

*Your Own Answer*_____

Correct Answers

A172

lui

A173

ce que

A174

lui

Questions

Q175

Il y a <u>des fleurs.</u> Il y _____ a.

*Your Own Answer*_____

Q176

Donne <u>les clefs de la voiture</u> à tes cousins.
Donne-_____ à tes cousins.

*Your Own Answer*_____

Q177

_____ (dire)-moi, s'il te plaît.

*Your Own Answer*_____

Correct Answers

A175

en

A176

les

A177

Dis

Questions

Q178

Lance <u>la balle</u> à Jeanne! Lance-_____ à Jeanne!

*Your Own Answer*_____

_____

Q179

Jeanette vend <u>son collier</u> à Chantelle. Jeanette _____ vend à Chantelle.

*Your Own Answer*_____

_____

Q180

Je voudrais écrire <u>une lettre</u> à Marie. Je voudrais _____ écrire à Marie.

*Your Own Answer*_____

_____

Correct Answers

A178

la

A179

le

A180

l'

Questions

Emmanuel envoie <u>vos bagages.</u> Emmanuel _____ envoie.

*Your Own Answer*_____

Il va <u>à la maison.</u> Il _____ va.

*Your Own Answer*_____

Nous avons assez <u>d'argent.</u> Nous _____ avons assez.

*Your Own Answer*_____

Correct Answers

A181

les

A182

y

A183

en

Questions

Q184

Ils ont pris <u>le livre?</u> Ils _____ ont pris.

*Your Own Answer*_____

_____

Q185

Il me donne <u>les fleurs.</u> Il me _____ donne.

*Your Own Answer*_____

_____

Q186

J'attend <u>le train.</u> Je _____ attend.

*Your Own Answer*_____

_____

Correct Answers

A184

l'

A185

les

A186

l'

Questions

Q187

Donne <u>le livre</u> à Paul. Donne- _____ à Paul.

*Your Own Answer*_____

_____

Q188

Je vois <u>Michel</u>. Je _____ vois.

*Your Own Answer*_____

_____

Q189

Donne-moi <u>la radio</u>. Donne- _____ moi.

*Your Own Answer*_____

_____

Correct Answers

A187

le

A188

le

A189

la

Questions

Q190

Rearrange the following:
Il va écrire <u>à toi.</u>
Il va _____ écrire.

*Your Own Answer*_____

Q191

Je vais téléphoner <u>à ma mère.</u>
Je vais _____ téléphoner.

*Your Own Answer*_____

Q192

_____ (ils) père et _____ (ils) amis sont
arrivés en retard.

*Your Own Answer*_____

Correct Answers

A190

t'

A191

lui

A192

Leur, leurs

Questions

Q193

Réponds <u>à ta maman!</u> Réponds- _____!

*Your Own Answer*_____

_____

Q194

Appelle <u>tes amis!</u> Appelle- _____!

*Your Own Answer*_____

_____

Q195

Quand je pense <u>à mon école</u>, je ris, mais quand je pense <u>à mon ami</u>, je pleure.
Quand j'_____ pense je ris, mais quand je pense _____ , je pleure.

*Your Own Answer*_____

_____

Correct Answers

A193

lui

A194

les

A195

y, à lui

Questions

Q196

Ils _____ (recevoir) un cadeau maintenant.

*Your Own Answer*_____

Q197

Ils _____ (vouloir) deux francs.

*Your Own Answer*_____

Q198

J' _____ (envoyer) une lettre.

*Your Own Answer*_____

Correct Answers

A196

reçoivent

A197

veulent

A198

envoie

Questions

Q199

Nous _____ (craindre) maintenant.

*Your Own Answer*_____

Q200

En _____ (boire)...

*Your Own Answer*_____

Q201

En _____ (savoir)...

*Your Own Answer*_____

Correct Answers

A199

craignons

A200

buvant

A201

sachant

Questions

Q202

Est-ce que tu lis beaucoup? (Faites une autre question.)

*Your Own Answer*_____

_____

Q203

Est-ce que ces enfants ont assez <u>de vêtements</u>?
Est-ce que ces enfants _____ ont assez?

*Your Own Answer*_____

_____

Q204

Va avec _____ (tu) père!

*Your Own Answer*_____

_____

Correct Answers

A202

Lis-tu beaucoup?

A203

en

A204

ton

Questions

Marchons _____ (rapide).

*Your Own Answer*_____

Avant _____ mettre la table, elle a fait son lit.

*Your Own Answer*_____

Après être _____ (tomber), Marie a pleuré.

*Your Own Answer*_____

Correct Answers

A205

rapidement

A206

de

A207

tombée

Questions

Q208

Il a commencé _____ pleurer.

*Your Own Answer*_____

Q209

En _____ (fermer) la porte, elle a laissé son chien dehors.

*Your Own Answer*_____

Q210

La femme était heureuse en _____ (savoir) la vérité.

*Your Own Answer*_____

Correct Answers

A208

à

A209

fermant

A210

sachant

Questions

Q211

Hier, ils se _____ (aimer).

*Your Own Answer*_____

Q212

Hier, ils se _____ (téléphoner).

*Your Own Answer*_____

Q213

Joël se lave _____ mains.

*Your Own Answer*_____

Correct Answers

A211

sont aimés

A212

sont téléphoné

A213

les

Questions

Hier, Betty s' _____ (laver).

*Your Own Answer*_____

Hier, Betty s' _____ (laver) les mains.

*Your Own Answer*_____

Hier, elle s' _____ (maquiller).

*Your Own Answer*_____

Correct Answers

A214

est lavée

A215

est lavé

A216

est maquillée

Questions

Q217

Il en a joué _____ (long).

*Your Own Answer*_____

Q218

Aide _____ (tu) mère.

*Your Own Answer*_____

Q219

Garde _____ (tu) petit frère.

*Your Own Answer*_____

Correct Answers

A217

longuement

A218

ta

A219

ton

Questions

Q220

Antoine, _____ (mettre) la table.

*Your Own Answer*_____

Q221

Quand _____ (aller)-vous partir?

*Your Own Answer*_____

Q222

Fais _____ (tu) devoirs!

*Your Own Answer*_____

Correct Answers

A220

mets

A221

allez

A222

tes

Questions

Q223

A-_____-elle un oncle?

*Your Own Answer*_____

Q224

La foule danse _____ (gai).

*Your Own Answer*_____

Q225

Disneyland est un immense _____ d'_____.

*Your Own Answer*_____

Correct Answers

A223

t

A224

gaiement

A225

parc, attractions

Questions

Ça te dit de faire du canoë-kayak? Non, j'ai
_____ .

*Your Own Answer*_____

Tu veux un sandwich? Oui, j'ai _____ .

*Your Own Answer*_____

Il aime _____ (intense).

*Your Own Answer*_____

Correct Answers

A226

peur

A227

faim

A228

intensément

Questions

Q229

Elle parle _____ (lent).

*Your Own Answer*_____

Q230

Je n' _____ (étudier) pas maintenant.

*Your Own Answer*_____

Q231

Il joue <u>de la batterie?</u> Il _____ joue.

*Your Own Answer*_____

Correct Answers

A229

lentement

A230

étudie

A231

en

Questions

Q232

Elle rêve <u>de faire un disque.</u> Elle _____ rêve.

*Your Own Answer*_____

_____

Q233

Elle veut prendre <u>de l'argent.</u> Elle veut _____ prendre.

*Your Own Answer*_____

_____

Q234

Les jeunes font <u>du théâtre.</u>   Les jeunes _____ font.

*Your Own Answer*_____

_____

Correct Answers

A232

en

A233

en

A234

en

Questions

Q235

Il y a beaucoup de choses _____ faire.

*Your Own Answer*_____

Q236

L'ambiance est _____ (merveilleux).

*Your Own Answer*_____

Q237

C'est difficile _____ circuler.

*Your Own Answer*_____

Correct Answers

A235

à

A236

merveilleuse

A237

de

Questions

Q238

Le carnaval est une _____ .

*Your Own Answer*_____

Q239

On n'arrive pas _____ dormir.

*Your Own Answer*_____

Q240

Ne bouge pas _____ (continuel).

*Your Own Answer*_____

Correct Answers

A238

fête

A239

à

A240

continuellement

Questions

Q241

Elle est _____ (naïf).

*Your Own Answer*_____

_____

Q242

_____ foule!

*Your Own Answer*_____

_____

Q243

Je n'ai pas _____ préférence.

*Your Own Answer*_____

_____

Correct Answers

A241

naïve

A242

Quelle

A243

de

Questions

Tu ne _____ (répéter) pas.

*Your Own Answer*_____

Hier, j' _____ (devoir) acheter deux livres.

*Your Own Answer*_____

Tu _____ es presque!

*Your Own Answer*_____

Correct Answers

A244

répètes

A245

ai dû

A246

y

Questions

Q247

L'année dernière, je _____ (prendre) le judo.

---

*Your Own Answer*_____

Q248

Ils apprennent _____ jouer de la flûte.

---

*Your Own Answer*_____

Q249

Je ne pense pas que tu _____ (avoir) chaud!

---

*Your Own Answer*_____

Correct Answers

A247

prenais

A248

à

A249

aies

Questions

Elles _____ (apprendre) la guitare.

*Your Own Answer*_____

Je ne suis pas certain que tu _____ (avoir) tort.

*Your Own Answer*_____

Il _____ (s'entraîner) demain.

*Your Own Answer*_____

Correct Answers

A250

apprennent

A251

aies

A252

s'entraînera

Questions

Q253

Ils _____ (écouter) des disques demain.

*Your Own Answer*_____

Q254

On _____ (se lever) tôt demain.

*Your Own Answer*_____

Q255

Qu'est-ce que je _____ (faire) demain?

*Your Own Answer*_____

Correct Answers

A253

écouteront

A254

se lèvera

A255

ferai

Questions

Q256

Il _____ (envoyer) une lettre demain.

Your Own Answer _____

_____

Q257

Tu _____ (devoir) faire le devoir demain.

Your Own Answer _____

_____

Q258

Vous _____ (pouvoir) y aller demain.

Your Own Answer _____

_____

Correct Answers

A256

enverra

A257

devra

A258

pourrez

Questions

Q259

Il _____ (pleuvoir) demain soir.

*Your Own Answer*_____

Q260

Nous _____ (recevoir) un cadeau demain.

*Your Own Answer*_____

Q261

Tu _____ (savoir) faire du ski demain.

*Your Own Answer*_____

Correct Answers

A259

pleuvra

A260

recevrons

A261

sauras

Questions

Q262

Elles _____ (vouloir) danser demain soir.

*Your Own Answer*_____

Q263

Tu veux une boisson? Non, merci. Je n'ai pas

_____ .

*Your Own Answer*_____

Q264

Ils _____ (venir) demain soir.

*Your Own Answer*_____

Correct Answers

A262

voudront

A263

soif

A264

viendront

Questions

Q265

J' _____ (aller) à la boum demain soir.

*Your Own Answer*_____

Q266

La pollution est un problème _____ nous inquiète beaucoup.

*Your Own Answer*_____

Q267

Cet homme décide _____ rester à New York.

*Your Own Answer*_____

Correct Answers

A265

irai

A266

qui

A267

de

Questions

Q268

C'est Paul qui _____ tort.

*Your Own Answer*_____

Q269

C'est toi qui _____ raison.

*Your Own Answer*_____

Q270

C'est moi qui _____ raison.

*Your Own Answer*_____

Correct Answers

A268

a

A269

as

A270

ai

Questions

Q271

L'école _____ j'ai visitée est petite.

*Your Own Answer*_____

Q272

Il danse _____ (actif).

*Your Own Answer*_____

Q273

J'ai parlé avec la fille _____ s'appelle Mimi.

*Your Own Answer*_____

Correct Answers

A271

que

A272

activement

A273

qui

Questions

J'ai visité une ville _____ est près de Paris.

*Your Own Answer*_____

Je doute que tout _____ (aller) bien.

*Your Own Answer*_____

Je pense que tu _____ (avoir) raison.

*Your Own Answer*_____

Correct Answers

A274

qui

A275

aille

A276

as

Questions

Q277

Je ne suis pas sûr que tu _____ (avoir) raison.

*Your Own Answer*_____

Q278

Il faut qu'ils _____ (rester) ici.

*Your Own Answer*_____

Q279

Il faut que tu _____ (attendre).

*Your Own Answer*_____

Correct Answers

A277

aies

A278

restent

A279

attendes

Questions

Q280

La _____ (vieux) femme est anglaise.

Your Own Answer_____

Q281

Après _____ être reposés, nous avons mangé.

Your Own Answer_____

Q282

Demain, nous _____ (emmener) Paul.

Your Own Answer_____

Correct Answers

A280

vieille

A281

nous

A282

emmènerons

Questions

Q283

Arles est la capitale de la _____.

*Your Own Answer*_____

Q284

Demain, tu _____ (essayer) de danser.

*Your Own Answer*_____

Q285

Demain, nous _____ (être) à Lyon.

*Your Own Answer*_____

Correct Answers

A283

photographie

A284

essaieras

A285

serons

Questions

Q286

Demain, elle _____ (appeler).

*Your Own Answer*_____

Q287

Demain, il _____ (payer) de l'argent.

*Your Own Answer*_____

Q288

Après _____ mangé, j'ai pris le bus.

*Your Own Answer*_____

Correct Answers

A286

appellera

A287

paiera

A288

avoir

Questions

Q289

Les voitures sont moins _____ (cher) que les avions.

*Your Own Answer*_____

Q290

Les robots feront les _____ domestiques.

*Your Own Answer*_____

Q291

Les voitures auront un _____ automatique.

*Your Own Answer*_____

Correct Answers

A289

chères

A290

tâches

A291

pilotage

Questions

Q292

Demain, ils _____ (avoir) du gâteau.

*Your Own Answer*_____

Q293

L'école n' _____ (exister) pas dans 25 ans.

*Your Own Answer*_____

Q294

Au futur, les gens _____ (travailler) moins que maintenant.

*Your Own Answer*_____

Correct Answers

A292

auront

A293

existera

A294

travailleront

Questions

Q295

Il _____ (sortir) la poubelle demain.

*Your Own Answer*_____

Q296

On _____ (écrire) des lettres demain.

*Your Own Answer*_____

Q297

Elles _____ (tondre) la pelouse demain.

*Your Own Answer*_____

Correct Answers

A295

sortira

A296

écrira

A297

tondront

Questions

Q298

Ils ont fini (déjà).

Your Own Answer_____

Q299

Nous nous _____ (promener) hier.

Your Own Answer_____

Q300

Il faudra le lui dire _____ (doux).

Your Own Answer_____

Correct Answers

A298

Ils ont déjà fini.

A299

sommes promenés

A300

doucement

Questions

Elle va faire _____ rôle de Juliette.

*Your Own Answer*_____

J'aime tes histoires _____ (canadien).

*Your Own Answer*_____

Mon amie appartient _____ un club français.

*Your Own Answer*_____

Correct Answers

A301

le

A302

canadiennes

A303

à

Questions

Q304

Pierre et Marcel sont _____ (italien).

*Your Own Answer*_____

Q305

J'ai _____ (devoir) le faire.

*Your Own Answer*_____

Q306

Nous avons _____ (prendre) le bus.

*Your Own Answer*_____

Correct Answers

A304

italiens

A305

dû

A306

pris

Questions

Julie est _____ (sportif).

*Your Own Answer*_____

_____

_____ (faire) vos valises!

*Your Own Answer*_____

_____

Tu _____ (pouvoir) y aller maintenant.

*Your Own Answer*_____

_____

Correct Answers

A307

sportive

A308

Faites

A309

peux

Questions

Q310

Il n'est pas _____ (mourir).

*Your Own Answer*_____

Q311

Fais comme chez _____ (tu)!

*Your Own Answer*_____

Q312

Pierre et moi, nous sommes _____ (naître) en 1942.

*Your Own Answer*_____

Correct Answers

mort

toi

nés

Questions

Q313

Ils sont très _____ (triste).

Your Own Answer

Q314

Joël a _____ (lire) le journal.

Your Own Answer

Q315

Joseph a _____ (ouvrir) la porte hier.

Your Own Answer

Correct Answers

A313

tristes

A314

lu

A315

ouvert

Questions

Q316

Joseph a _____ (offrir) un cadeau.

*Your Own Answer*_____

Q317

Il n'a pas _____ (prendre) le train.

*Your Own Answer*_____

Q318

Hier, elle _____ (rester) chez elle.

*Your Own Answer*_____

Correct Answers

A316

offert

A317

pris

A318

est restée

Questions

Q319

Ils _____ (devoir) faire la vaisselle maintenant.

*Your Own Answer*_____

Q320

Elle _____ (devoir) participer.

*Your Own Answer*_____

Q321

Tu dois passer _____ (tu) bac.

*Your Own Answer*_____

Correct Answers

A319

doivent

A320

doit

A321

ton

Questions

Q322

Il _____ (pleuvoir) maintenant.

*Your Own Answer*_____

Q323

La table est assez _____ (grand).

*Your Own Answer*_____

Q324

Il joue _____ violon.

*Your Own Answer*_____

Correct Answers

A322

pleut

A323

grande

A324

du

Questions

Q325

Sophie et Marie sont _____ (devenir) actrices.

Your Own Answer _____

Q326

_____ (Venir), je veux te parler!

Your Own Answer _____

Q327

Ma mère et mon père _____ (vouloir) faire la cuisine maintenant.

Your Own Answer _____

Correct Answers

A325

devenues

A326

Viens

A327

veulent

Questions

Q328

Nous _____ (aller) au supermarché demain.

*Your Own Answer*_____

Q329

Il arrive que Mathilde _____ (être) malade.

*Your Own Answer*_____

Q330

Il faut qu'on _____ (avoir) le temps.

*Your Own Answer*_____

Correct Answers

A328

irons

A329

est

A330

ait

Questions

Q331

Il faut qu'ils _____ (être) ici à sept heures.

*Your Own Answer*_____

Q332

Paul et moi, nous ne sommes pas _____ (partir).

*Your Own Answer*_____

Q333

Elle danse moins _____ (libre) que sa sœur.

*Your Own Answer*_____

Correct Answers

A331

soient

A332

partis

A333

librement

Questions

Q334

Soyez _____ (gentil), Lisette et Mimi.

*Your Own Answer*_____

Q335

Il est rare qu'il y _____ (avoir) autant de monde dans la rue!

*Your Own Answer*_____

Q336

La chatte est _____ (mourir).

*Your Own Answer*_____

Correct Answers

A334

gentilles

A335

ait

A336

morte

Questions

Q337

Il en restait un peu _____ le verre.

*Your Own Answer*_____

Q338

On va chez Pierre _____ hiver.

*Your Own Answer*_____

Q339

Je joue au foot _____ printemps.

*Your Own Answer*_____

Correct Answers

A337

dans

A338

en

A339

au

Questions

Q340

As-tu _____ (faire) l'examen?

*Your Own Answer*_____

Q341

Il est ravi que vous _____ (voter) pour lui.

*Your Own Answer*_____

Q342

Elle va à Paris _____ automne.

*Your Own Answer*_____

Correct Answers

A340

fait

A341

votiez

A342

en

Questions

Q343

Je travaille _____ été.

*Your Own Answer*_____

_____

Q344

Le dîner était le _____ (bon) moment!

*Your Own Answer*_____

_____

Q345

Nous avons chanté le _____ (bien).

*Your Own Answer*_____

_____

Correct Answers

A343

en

A344

meilleur

A345

mieux

Questions

Q346

Il marche _____ (lent).

*Your Own Answer*_____

Q347

Nous _____ (être) heureux aujourd' hui.

*Your Own Answer*_____

Q348

Elle _____ (acheter) la montre demain.

*Your Own Answer*_____

Correct Answers

A346

lentement

A347

sommes

A348

achètera

Questions

Q349

Vous aimez cuisiner. Vous _____ (faire) bien la cuisine.

*Your Own Answer*_____

Q350

Mes amis nous _____ (inviter) chez eux.

*Your Own Answer*_____

Q351

Notre tante s'occupe _____ cela pour moi.

*Your Own Answer*_____

Correct Answers

A349

faites

A350

invitent

A351

de

Questions

Q352

Il n'y a pas _____ (suffisant) de livres pour tous les étudiants.

---

*Your Own Answer*_____

Q353

Demain, j' _____ (écrire) des lettres.

---

*Your Own Answer*_____

Q354

Les hommes d'affaires _____ (avoir) de l'argent à l'avenir.

---

*Your Own Answer*_____

Correct Answers

A352

suffisamment

A353

écrirai

A354

auront

Questions

Q355

On _____ (avoir) douze ans dans cette classe.

*Your Own Answer*_____

Q356

Il faut faire attention _____ des ours.

*Your Own Answer*_____

Q357

On mange _____ (rare) à trois heures.

*Your Own Answer*_____

Correct Answers

A355

a

A356

à

A357

rarement

Questions

Q358

Les chattes sont assez _____ (agile).

*Your Own Answer*_____

Q359

Où _____ trouve le Notre Dame?

*Your Own Answer*_____

Q360

Ils sont _____ (jeune).

*Your Own Answer*_____

Correct Answers

A358

agiles

A359

se

A360

jeunes

Questions

Q361

Rien n'est important quand on _____ (dormir).

*Your Own Answer*_____

Q362

Emmanuel, _____ (peindre)-il?

*Your Own Answer*_____

Q363

Mon professeur joue _____ piano.

*Your Own Answer*_____

Correct Answers

A361

dort

A362

peint

A363

du

Questions

Est-ce que nous _____ (manger) des pommes de terre chez eux?

*Your Own Answer*_____

Il a assez mangé. Il n'en veut _____.

*Your Own Answer*_____

Mon ami _____ chante plus.

*Your Own Answer*_____

Correct Answers

A364

mangeons

A365

plus

A366

ne

Questions

Q367

Mon frère _____ (sortir) avec les mêmes amis.

*Your Own Answer*_____

Q368

Il n'y a pas _____ télévision!

*Your Own Answer*_____

Q369

Il ne _____ (dire) rien.

*Your Own Answer*_____

Correct Answers

A367

sort

A368

de

A369

dit

Questions

Il n'y avait rien _____ acheter au magasin.

*Your Own Answer*_____

_____

Est-ce que tu _____ (savoir) conduire une voiture?

*Your Own Answer*_____

_____

Est-ce que tu as _____ (dire) ça?

*Your Own Answer*_____

_____

Correct Answers

A370

à

A371

sais

A372

dit

Questions

Q373

On va faire la fête _____ (à) la Nouvelle Orléans.

*Your Own Answer*_____

Q374

J'aide mon frère _____ faire le dîner.

*Your Own Answer*_____

Q375

Il m'a _____ (répondre).

*Your Own Answer*_____

Correct Answers

A373

à la

A374

à

A375

répondu

Questions

Q376

Vous n'aurez pas assez _____ riz pour le dîner.

*Your Own Answer*_____

Q377

Elle est _____ (rentrer) quand le téléphone a sonné.

*Your Own Answer*_____

Q378

Tu as _____ (lire) ce livre cet hiver.

*Your Own Answer*_____

Correct Answers

A376

de

A377

rentrée

A378

lu

Questions

Q379

Ils n'ont pas _____ amis.

*Your Own Answer*_____

Q380

A-t-il _____ (recevoir) mes cartes postales?

*Your Own Answer*_____

Q381

Il a téléphoné _____ Jérôme.

*Your Own Answer*_____

Correct Answers

A379

d'

A380

reçu

A381

à

Questions

Q382

Il s'agit _____ la paix.

*Your Own Answer*_____

Q383

Il faut qu'on _____ (acheter) des croissants.

*Your Own Answer*_____

Q384

Nous avons cuisiné _____ (intense).

*Your Own Answer*_____

Correct Answers

A382

de

A383

achète

A384

intensément

Questions

Q385

Pourriez-vous parler _____ (fort)?

*Your Own Answer*_____

Q386

Maxime travaille très _____ (heureux).

*Your Own Answer*_____

Q387

Que _____ (vouloir) dire "gentil"?

*Your Own Answer*_____

Correct Answers

A385

fortement

A386

heureusement

A387

veut

Questions

Q388

Est-ce qu'ils continuent _____ souffrir?

*Your Own Answer*_____

Q389

Il faut téléphoner à Jean. Il faut _____ téléphoner.

*Your Own Answer*_____

Q390

Il refuse _____ arriver à l'heure.

*Your Own Answer*_____

Correct Answers

A388

à

A389

lui

A390

d'

Questions

Q391

Tu en _____ (avoir) aujourd'hui.

*Your Own Answer*_____

Q392

Arrête! Ça _____ fait mal?

*Your Own Answer*_____

Q393

Il aime la fille. Il _____ aime.

*Your Own Answer*_____

Correct Answers

A391

as

A392

te

A393

l'

Questions

Q394

Il _____ (vouloir) construire un bateau.

*Your Own Answer*_____

Q395

Le train _____ (partir) de New York.

*Your Own Answer*_____

Q396

Ils hésitent _____ le dire.

*Your Own Answer*_____

Correct Answers

A394

veut

A395

part

A396

à

Questions

Il me manque _____ pain.

*Your Own Answer*_____

_____ est le bébé d'un cerf.

*Your Own Answer*_____

Il a écrit <u>des chansons.</u>
Il _____ a écrit.

*Your Own Answer*_____

Correct Answers

A397

du

A398

La biche

A399

en

Questions

Q400

Le professeur m'empêche _____ parler.

*Your Own Answer*_____

Q401

Mon frère _____ ma sœur vont au cinéma ce soir.

*Your Own Answer*_____

Q402

Elle a commencé _____ préparer le dîner.

*Your Own Answer*_____

Correct Answers

A400

de

A401

et

A402

à

Questions

Q403

La France est _____ (pas près) de l'Amérique.

*Your Own Answer*_____

Q404

Je me suis retrouvé _____ (au centre d') une grande foule.

*Your Own Answer*_____

Q405

Ne manque pas _____ le faire.

*Your Own Answer*_____

Correct Answers

A403

loin

A404

au milieu d'

A405

de

Questions

Q406

Il a manqué _____ tomber.

*Your Own Answer*_____

Q407

_____ (pas après) de rentrer, il faut qu'on aille au supermarché.

*Your Own Answer*_____

Q408

Le chien est _____ (pas en haut) du canapé.

*Your Own Answer*_____

Correct Answers

A406

de

A407

Avant

A408

au dessous

Questions

Q409

Le vase est _____ (pas au-dessous) du comptoir.

*Your Own Answer*_____

Q410

Le papier est _____ (pas sur) la table.

*Your Own Answer*_____

Q411

Il faut que je _____ (partir) maintenant.

*Your Own Answer*_____

Correct Answers

A409

en haut

A410

sous

A411

parte

Questions

Q412

Il nous _____ (rester) dix dollars.

*Your Own Answer*_____

Q413

Il a expliqué lentement afin que nous _____ (pouvoir) le suivre.

*Your Own Answer*_____

Q414

Ils voulaient que je _____ (prendre) le train.

*Your Own Answer*_____

Correct Answers

A412

reste

A413

puissions

A414

prenne

Questions

Q415

Tout le monde doute que Marc _____ (réussir).

*Your Own Answer*_____

Q416

Il faut que je _____ (vouloir) un cadeau.

*Your Own Answer*_____

Q417

Il faut qu'ils _____ (être) ici!

*Your Own Answer*_____

Correct Answers

A415

réussisse

A416

veuille

A417

soient

Questions

Q418

Je veux que tu _____ (lire) ce journal.

*Your Own Answer*_____

Q419

Il faut qu'ils _____ (avoir) une voiture.

*Your Own Answer*_____

Q420

Je doute que nous _____ (avoir) assez d'argent.

*Your Own Answer*_____

Correct Answers

A418

lises

A419

aient

A420

ayons

Questions

Q421

_____ un an que je l'ai vu.

*Your Own Answer*_____

Q422

Est-ce que tu vas réussir _____ finir tes devoirs avant minuit?

*Your Own Answer*_____

Q423

_____ fait déjà nuit.

*Your Own Answer*_____

Correct Answers

A421

Ça fait / Il y a

A422

à

A423

Il

Questions

Enchanté de _____ votre connaissance.

*Your Own Answer*_____

_____

_____ un an que tu es en Espagne.

*Your Own Answer*_____

_____

Je l'ai vu _____ un mois.

*Your Own Answer*_____

_____

Correct Answers

A424

faire

A425

Ça fait / Il y a

A426

il y a

Questions

Q427

_____ neuf voitures ici.

*Your Own Answer*_____

Q428

Sa copine _____ assez!

*Your Own Answer*_____

Q429

As-tu _____ d'argent?

*Your Own Answer*_____

Correct Answers

A427

Il y a

A428

en a

A429

besoin

Questions

Il ne faut pas que vos amis _____ (savoir) la
vérité.

*Your Own Answer*_____

Je voulais que mes amis _____ (prendre) une
autre route pour rentrer.

*Your Own Answer*_____

Emmanuel décide _____ lui téléphoner.

*Your Own Answer*_____

Correct Answers

A430

sachent

A431

prennent

A432

de

Questions

Q433

_____ avoir acheté la voiture, on pouvait aller en Floride.

---

*Your Own Answer*_____

_____

Q434

Il faut que je _____ (devoir) tondre la pelouse.

---

*Your Own Answer*_____

_____

Q435

Est-il surpris que nous lui _____ envoyé une lettre?

---

*Your Own Answer*_____

_____

Correct Answers

A433

Après

A434

doive

A435

ayons

Questions

Il faut qu'ils _____ (savoir) la réponse.

*Your Own Answer*_____

Il faut qu'il _____ (dire) la vérité.

*Your Own Answer*_____

La mère exige que ses enfants _____ (être) sages.

*Your Own Answer*_____

Correct Answers

A436

sachent

A437

dise

A438

soient

Questions

Q439

Je veux qu'ils _____ (aller) à Paris.

*Your Own Answer*_____

Q440

Quoi que Jon _____ (dire) la vérité, on ne va pas le croire.

*Your Own Answer*_____

Q441

Mon père aime bien _____ une promenade.

*Your Own Answer*_____

Correct Answers

A439

aillent

A440

dise

A441

faire

Questions

Q442

Je voudrais _____ du lèche-vitrines.

*Your Own Answer*_____

Q443

Emmanuel préfère qu'on _____ (écrire) une lettre.

*Your Own Answer*_____

Q444

L'enfant _____ de la fièvre.

*Your Own Answer*_____

Correct Answers

A442

faire

A443

écrive

A444

fait

Questions

Q445

Je ne suis pas convaincu que l'école _____ (être) ici.

*Your Own Answer*_____

Q446

C'est dommage qu'ils n'_____ (aller) pas au concert.

*Your Own Answer*_____

Q447

Il est temps que vous vous en _____ (aller).

*Your Own Answer*_____

Correct Answers

A445

soit

A446

aillent

A447

allez

Questions

Q448

Ils souhaitent que tu _____ (être) sage.

*Your Own Answer*_____

_____

Q449

Vous désirez que nous _____ (aller) au marché.

*Your Own Answer*_____

_____

Q450

Je ne crois pas que vous _____ (savoir) la vérité!

*Your Own Answer*_____

_____

Correct Answers

A448

sois

A449

allions

A450

sachiez

Questions

Q451

Je crois que vous _____ (savoir) la vérité.

*Your Own Answer*_____

Q452

Vous êtes sûr que nous _____ (savoir) la vérité.

*Your Own Answer*_____

Q453

Je ne pense pas que nous _____ (pouvoir) venir à la fête.

*Your Own Answer*_____

Correct Answers

savez

savons

puissions

Questions

Q454

Je n'espère pas que vous _____ (savoir) la surprise.

*Your Own Answer*_____

_____

Q455

Est-ce qu'il est nécessaire que tu _____ (aller)?

*Your Own Answer*_____

_____

Q456

Il est probable que nous _____ (être) nés le même jour.

*Your Own Answer*_____

_____

Correct Answers

A454

sachiez

A455

ailles

A456

sommes

Questions

Q457

On n'a pas cru qu'il _____ (être) né!

*Your Own Answer*_____

Q458

Est-ce que tu étais surpris que Rosalie t'_____ (avoir) appelé?

*Your Own Answer*_____

Q459

Elle s'est mise _____ pleurer.

*Your Own Answer*_____

Correct Answers

A457

soit

A458

ait

A459

à

Questions

Q460

On invite l'enfant _____ parler.

*Your Own Answer*_____

Q461

Nous allons voyager _____ (à) Brésil.

*Your Own Answer*_____

Q462

Mon professeur a vécu _____ (in) Canada.

*Your Own Answer*_____

Correct Answers

A460

à

A461

au

A462

au

Questions

Il pleut beaucoup _____ l'Etat de Washington.

*Your Own Answer*_____

Marianne va au théâtre _____ sa sœur.

*Your Own Answer*_____

Le papier est _____ le bureau.

*Your Own Answer*_____

Correct Answers

A463

dans

A464

avec

A465

sur

Questions

Q466

Elles vont _____ (à) poste pour acheter des timbres.

*Your Own Answer*_____

Q467

Veux-tu aller au Mexique _____ (pas et) en Californie?

*Your Own Answer*_____

Q468

Juan a proposé _____ acheter cette moto.

*Your Own Answer*_____

Correct Answers

A466

à la

A467

ou

A468

d'

Questions

Q469

Ils ont décidé _____ partir.

*Your Own Answer*_____

Q470

Il n'est pas <u>pour</u> la loi. Il est _____ la loi.

*Your Own Answer*_____

Q471

Il vient _____ Lyon.

*Your Own Answer*_____

Correct Answers

A469

de

A470

contre

A471

de

Questions

Q472

Elle part _____ (pas avec) sa mère.

*Your Own Answer*_____

_____

Q473

La rue Stenel se trouve _____ (pas à droite de) la rue Portin.

*Your Own Answer*_____

_____

Q474

Je serai chez toi _____ deux heures du matin.

*Your Own Answer*_____

_____

Correct Answers

A472

sans

A473

à gauche de

A474

à

Questions

Q475

Nous parlons _____ Pierre quand il n'est pas
là. Nous parlons _____ Pierre au téléphone.

*Your Own Answer*_____

Q476

Anne Marie voudrait enseigner _____ en
Inde, _____ au Portugal.

*Your Own Answer*_____

Q477

Au Canada, on ne cultive _____ bananes,
_____ oranges.

*Your Own Answer*_____

Correct Answers

A475

de, à

A476

soit, soit

A477

ni, ni

Questions

Q478

Je voudrais aller _____ (à) Japon, _____ (à)
Portugal et puis _____ (à) France.

*Your Own Answer*_____

Q479

Ma tante habite _____ (à) Brésil, et mon oncle
habite _____ (à) Pennsylvanie.

*Your Own Answer*_____

Q480

Nous voyageons _____ (à) Virginie avant
d'aller _____ (à) Floride.

*Your Own Answer*_____

Correct Answers

A478

au, au, en

A479

au, en

A480

en, en

Questions

Q481

L'enfant est resté _____ (pas derrière) sa mère.

*Your Own Answer*_____

Q482

Le chat se cache _____ (pas devant) le bureau.

*Your Own Answer*_____

Q483

Charles n'aime _____ Bach, _____ Chopin.

*Your Own Answer*_____

Correct Answers

A481

devant

A482

derrière

A483

ni, ni

Questions

Q484

Je n'ai _____ sœurs, _____ frères.

*Your Own Answer*_____

Q485

Ils habitent _____ (pas loin) chez nous.

*Your Own Answer*_____

Q486

John était _____ surpris (complet)!

*Your Own Answer*_____

Correct Answers

A484

ni, ni

A485

près de

A486

complètement

Questions

_____, il ouvre la porte et _____ il appelle son chien.

*Your Own Answer*_____

Le chocolat est _____ (parfait) doux.

*Your Own Answer*_____

Ont-elles _____ mangé?

*Your Own Answer*_____

Correct Answers

A487

D'abord, ensuite

A488

parfaitement

A489

déjà

Questions

Q490

Elle _____ (avoir seulement) deux vestes.

*Your Own Answer*_____

Q491

Jennifer ne veut _____ écouter la musique, _____ manger.

*Your Own Answer*_____

Q492

Mes cousins viennent _____ (de) Etats-Unis.

*Your Own Answer*_____

Correct Answers

A490

n'a que

A491

ni, ni

A492

des

Questions

Q493

Je reviens _____ (de) Brésil.

*Your Own Answer*_____

Q494

_____ (à) Portugal, on mange un grand repas à midi.

*Your Own Answer*_____

Q495

Il fait froid _____ (à) Canada en janvier.

*Your Own Answer*_____

Correct Answers

A493

du

A494

Au

A495

au

Questions

Q496

On prend le bateau _____ (à) Havre.

*Your Own Answer*_____

Q497

Allez-vous _____ (à) Berlin?

*Your Own Answer*_____

Q498

Ils habitent _____ (à) San Francisco.

*Your Own Answer*_____

Correct Answers

A496

au

A497

à

A498

à

Questions

Q499

Nous allons _____ (à) Boston.

*Your Own Answer*_____

_____

Q500

Ils habitent _____ (à) Californie.

*Your Own Answer*_____

_____

Q501

Mes sœurs habitent _____ (à) Japon.

*Your Own Answer*_____

_____

Correct Answers

A499

à

A500

en

A501

au

Questions

Q502

Il s'est assis _____ (pas à gauche) de moi.

*Your Own Answer*_____

Q503

Vous allez passer les vacances _____ (à) Europe.

*Your Own Answer*_____

Q504

Tu _____ (avoir) d'amis ici.

*Your Own Answer*_____

Correct Answers

A502

à droite

A503

en

A504

n'as pas

Questions

_____ Marla _____ sa ne copine nous ont téléphoné.

*Your Own Answer*_____

Il y a beaucoup de beaux animaux _____ (à) Afrique.

*Your Own Answer*_____

Nous pouvons acheter ce cadeau _____ (à) Espagne.

*Your Own Answer*_____

Correct Answers

A505

Ni, ni

A506

en

A507

en

Questions

Q508

Je fais _____ basket.

*Your Own Answer*_____

Q509

Je voudrais parler à la fille _____ (italien).

*Your Own Answer*_____

Q510

Quand on termine le lycée, on peut prendre son _____ .

*Your Own Answer*_____

Correct Answers

A508

du

A509

italienne

A510

diplôme

Questions

Il _____ (suivre) des cours.

*Your Own Answer*_____

Il était au milieu d'une _____ de touristes.

*Your Own Answer*_____

Si j'ai des questions, j'irai au bureau de _____ .

*Your Own Answer*_____

Correct Answers

A511

suit

A512

foule

A513

renseignements

Questions

Q514

Elle ne mange pas trop _____ gâteau.

*Your Own Answer*_____

Q515

Il ne va pas _____ Lyon.

*Your Own Answer*_____

Q516

Tu _____ (pouvoir) trouver des haricots noirs.

*Your Own Answer*_____

Correct Answers

A514

de

A515

à

A516

peux

Questions

Q517

Il n'y a _____ d'intéressant à la radio.

*Your Own Answer*_____

Q518

Je voudrais aller _____ (à) Portugal.

*Your Own Answer*_____

Q519

Après _____ allé en forêt, j'ai vu un oiseau.

*Your Own Answer*_____

Correct Answers

A517

rien

A518

au

A519

être

Questions

Q520

L'épaule _____ (joindre) le cou.

*Your Own Answer*_____

Q521

J'ai souvent _____ (être) à Londres.

*Your Own Answer*_____

Q522

On s'est assis sur un _____ au parc.

*Your Own Answer*_____

Correct Answers

A520

joint

A521

été

A522

banc

Questions

Q523

Le tarif est _____ (réduire) pour les étudiants.

Your Own Answer

Q524

L'agent de police _____ (devoir) nous aider.

Your Own Answer

Q525

Le maire travaille dans l'_____.

Your Own Answer

Correct Answers

A523

réduit

A524

doit

A525

hôtel de ville

Questions

Il faut continuer tout _____ pour arriver à la Maison Blanche.

*Your Own Answer*_____

Pour tirer de l'argent, il faut aller à la _____.

*Your Own Answer*_____

Quand il y a un cas d'urgence, il faut toujours appeler _____ .

*Your Own Answer*_____

Correct Answers

A526

droit

A527

banque

A528

la préfecture

Questions

Q529

Nous _____ (manger) du bœuf maintenant.

*Your Own Answer*_____

Q530

Il _____ (aller) me falloir un ordinateur.

*Your Own Answer*_____

Q531

Ma mère _____ (faire) toujours des achats en juin.

*Your Own Answer*_____

Correct Answers

A529

mangeons

A530

va

A531

faisait

Questions

Q532

Il ne _____ (venir) pas à New York l'année prochaine.

*Your Own Answer*_____

Q533

Je vous conseille _____ aller.

*Your Own Answer*_____

Q534

Dès que j'_____ (avoir) le temps, je vous appellerai.

*Your Own Answer*_____

Correct Answers

A532

viendra

A533

d'

A534

aurai

Questions

Q535

Il m'empêchait _____ parler.

*Your Own Answer*_____

Q536

On voit les voisins qui habitent en _____ de chez nous.

*Your Own Answer*_____

Q537

Je voudrais aller en France _____ j'ai envie de voir mes amis français.

*Your Own Answer*_____

Correct Answers

A535

de

A536

face

A537

parce que

Questions

Q538

J'étais chez ma copine _____ ma mère m'a appelé.

*Your Own Answer*_____

_____

Q539

J'ai _____ (avoir) mon diplôme du lycée.

*Your Own Answer*_____

_____

Q540

Ils vont _____ l'école élémentaire.

*Your Own Answer*_____

_____

Correct Answers

A538

quand

A539

eu

A540

à

Questions

Q541

Est-ce qu'il assiste _____ ses cours de danse?

*Your Own Answer*_____

Q542

Je vais assister _____ cours de l'université.

*Your Own Answer*_____

Q543

Les chasseurs chassent _____ en novembre.

*Your Own Answer*_____

Correct Answers

A541

à

A542

aux

A543

les cerfs

Questions

Q544

Les fermiers se réveillent au son des _____ .

*Your Own Answer*_____

Q545

Ils habitent près _____ chez nous.

*Your Own Answer*_____

Q546

Le champagne est _____ la boîte.

*Your Own Answer*_____

Correct Answers

A544

coqs

A545

de

A546

dans

Questions

Q547

Mon _____ à l'école change fréquemment.

*Your Own Answer*_____

Q548

Je n'ai pas _____ (réussir) à mes examens.

*Your Own Answer*_____

Q549

On va _____ (à) Mexique.

*Your Own Answer*_____

Correct Answers

A547

emploi du temps

A548

réussi

A549

au

Questions

Q550

Ma nièce _____ déjà _____ (monter).

*Your Own Answer*_____

Q551

En Espagne, on parle _____ .

*Your Own Answer*_____

Q552

_____ (the bird) chante tous les matins à six heures.

*Your Own Answer*_____

Correct Answers

A550

est, montée

A551

espagnol

A552

L'oiseau

Questions

Q553

Cet animal, qui s'appelle _____, est très rusé.

*Your Own Answer*_____

Q554

Il faut que nous _____ (écrire) à nos amis.

*Your Own Answer*_____

Q555

On peut changer de l'argent au _____ de change.

*Your Own Answer*_____

Correct Answers

A553

le renard

A554

écrivions

A555

bureau

Questions

Q556

_____ université!

*Your Own Answer*_____

Q557

Je _____ (vendre) des livres.

*Your Own Answer*_____

Q558

Ils _____ (pouvoir) louer une voiture.

*Your Own Answer*_____

Correct Answers

A556

Quelle

A557

vends

A558

peuvent

Questions

J'aime boire le _____ rouge avec mon dîner.

*Your Own Answer*_____

Il pleut quand il y a un _____ .

*Your Own Answer*_____

Les fleurs _____ (être) belles pendant la semaine passée.

*Your Own Answer*_____

Correct Answers

A559

vin

A560

orage

A561

étaient

Questions

Q562

J'aime boire le _____ au lait.

*Your Own Answer*_____

_____

Q563

Où se _____ (trouver) la boucherie?

*Your Own Answer*_____

_____

Q564

Je veux du pâté de _____ gras.

*Your Own Answer*_____

_____

Correct Answers

A562

café

A563

trouve

A564

foie

Questions

Q565

Un âne a une grosse tête et de longues _____ .

*Your Own Answer*_____

Q566

J'habite _____ Hermel, à Paris.

*Your Own Answer*_____

Q567

Il voudrait visiter le _____ pour voir des peintures.

*Your Own Answer*_____

Correct Answers

A565

oreilles

A566

rue

A567

musée

Questions

Q568

On _____ (pouvoir) voir des animaux dans le zoo.

*Your Own Answer*_____

Q569

J'ai acheté des tas _____ crayons.

*Your Own Answer*_____

Q570

Paul et Mich! Vous avez rencontré _____ (tout) les deux?

*Your Own Answer*_____

Correct Answers

A568

peut

A569

de

A570

tous

Questions

Q571

Il n'est pas Français, mais il comprend _____ français.

*Your Own Answer*_____

Q572

Jeanne, _____-tu quelque chose d'intéressant à nous raconter?

*Your Own Answer*_____

Q573

Il n'avait rien de bien _____ me dire.

*Your Own Answer*_____

Correct Answers

A571

le

A572

as

A573

à

Questions

Q574

Je n'ai rien d'important _____ vous raconter.

*Your Own Answer*_____

Q575

J'ai vu quelque _____ dans la boîte.

*Your Own Answer*_____

Q576

Ils vont _____ (à) Canada.

*Your Own Answer*_____

Correct Answers

A574

à

A575

chose

A576

au

Questions

Q577

Je vous attendrai _____ (à) sortie.

*Your Own Answer*_____

Q578

Ils ne sortent pas avec beaucoup _____ crayons.

*Your Own Answer*_____

Q579

La femme est _____ (vendeur).

*Your Own Answer*_____

Correct Answers

A577

à la

A578

de

A579

vendeuse

Questions

Q580

Si tu me donnes un journal, plus un autre journal, j'aurai deux _____ .

*Your Own Answer*_____

Q581

J'ai vu un arc _____ ciel après l'orage.

*Your Own Answer*_____

Q582

Georges est _____ personne importante.

*Your Own Answer*_____

Correct Answers

A580

journaux

A581

en

A582

une

Questions

Q583

La fille de ma tante est ma _____ .

*Your Own Answer*_____

Q584

Chacun trouve _____ bonheur.

*Your Own Answer*_____

Q585

La fille de mon ami est _____ amie.

*Your Own Answer*_____

Correct Answers

A583

cousine

A584

son

A585

mon

Questions

Q586

J'ai invité ma fille _____ théâtre.

*Your Own Answer*_____

Q587

Nous sommes allés _____ l'école.

*Your Own Answer*_____

Q588

On peut chercher des livres à la _____ .

*Your Own Answer*_____

Correct Answers

A586

au

A587

à

A588

bibliothèque

Questions

Q589

Les _____ des feuilles changent en _____ .

*Your Own Answer*_____

Q590

La vieille femme aura _____ (90) ans l'année prochaine.

*Your Own Answer*_____

Q591

Deux douzaines font _____ .

*Your Own Answer*_____

Correct Answers

A589

couleurs, automne

A590

quatre vingt-dix

A591

vingt-quatre

Questions

Q592

Aux Etats-Unis il faut avoir _____ ans pour boire légalement.

Your Own Answer_____

Q593

Onze fois six font _____ .

Your Own Answer_____

Q594

Les fleurs fleurissent _____ .

Your Own Answer_____

Correct Answers

A592

vingt et un

A593

soixante-six

A594

au printemps

Questions

_____ (je) professeur est une femme.

*Your Own Answer*_____

Les enfants ont trois poupées mais leurs cousins n'en ont que deux. Les cousins ont _____ de poupées que les enfants.

*Your Own Answer*_____

Nous avons vu _____ belles maisons.

*Your Own Answer*_____

Correct Answers

A595

Mon

A596

moins

A597

de

Questions

Q598

Tu habites à _____ étage?

*Your Own Answer*_____

_____

Q599

J'ai besoin _____ vacances.

*Your Own Answer*_____

_____

Q600

Voulez-vous _____ vin?

*Your Own Answer*_____

_____

Correct Answers

A598

quel

A599

de

A600

du

Questions

Q601

Ce chien a _____ grands yeux.

*Your Own Answer*_____

Q602

Il a _____ (apprendre) les paroles.

*Your Own Answer*_____

Q603

Va-t-il dépenser _____ argent?

*Your Own Answer*_____

Correct Answers

A601

de

A602

appris

A603

de l'

Questions

Q604

Nous avons visité _____ musée, _____ tour et _____ vieux bâtiments.

*Your Own Answer*_____

Q605

Simon n'a pas _____ amis.

*Your Own Answer*_____

Q606

Elle a acheté _____ crème.

*Your Own Answer*_____

Correct Answers

A604

le, la, les

A605

d'

A606

de la

Questions

Je n'ai pas envie _____ marcher!

*Your Own Answer*_____

Ça t'a _____ (plaire)?

*Your Own Answer*_____

Demain, il y _____ (avoir) beaucoup de personnes.

*Your Own Answer*_____

Correct Answers

A607

de

A608

plu

A609

aura

Questions

Q610

Elle a dit qu'elle _____ (faire) beaucoup de fautes.

*Your Own Answer*_____

Q611

Hier soir, je _____ (rentrer) à dix heures.

*Your Own Answer*_____

Q612

Hier, tu _____ (être) bête!

*Your Own Answer*_____

Correct Answers

A610

avait fait

A611

suis rentré(e)

A612

as été

Questions

Q613

Tu aurais _____ (devoir) lui parler.

*Your Own Answer*_____

Q614

Si j'_____ (savoir) ça, j' _____ (lire) le journal.

*Your Own Answer*_____

Q615

On _____ (rire).

*Your Own Answer*_____

Correct Answers

A613

dû

A614

avais su, aurais lu

A615

rit

Questions

Il a téléphoné à Brigitte.
Il _____ a téléphoné.

Your Own Answer _____

_____, elles sont belles.

Your Own Answer _____

Je _____ appelle Marie.

Your Own Answer _____

Correct Answers

A616

lui

A617

Elles

A618

m'

Questions

Q619

Tu _____ appelles Pierre.

*Your Own Answer*_____

Q620

Il _____ appelle Georges.

*Your Own Answer*_____

Q621

Elle _____ appelle Marie.

*Your Own Answer*_____

Correct Answers

A619

t'

A620

s'

A621

s'

Questions

Q622

Nous _____ appelons Georges et Marie.

*Your Own Answer*_____

Q623

Vous _____ appelez Monsieur Dupont?

*Your Own Answer*_____

Q624

Ils _____ appellent Gari et René.

*Your Own Answer*_____

Correct Answers

A622

nous

A623

vous

A624

s'

Questions

Q625

Elles _____ appellent Gigi et Mimi.

*Your Own Answer*_____

_____

Q626

Il a écrit <u>les lettres.</u>
Il les a _____ .

*Your Own Answer*_____

_____

Q627

J'ai <u>des films.</u>
J'_____ ai.

*Your Own Answer*_____

_____

Correct Answers

A625

s'

A626

écrites

A627

en

Questions

Q628

Elle va <u>à la ville de Paris.</u>
Elle _____ va.

*Your Own Answer*_____

Q629

Tu es <u>chez ton oncle?</u>
Tu _____ es.

*Your Own Answer*_____

Q630

J'habite <u>dans une grande ville.</u>
J'_____ habite.

*Your Own Answer*_____

Correct Answers

A628

y

A629

y

A630

y

Questions

Q631

Nous te donnerons <u>du lait.</u>
Nous t'_____ donnerons.

*Your Own Answer*_____

_____

Q632

Il me demande <u>des questions.</u>
Il m'_____ demande.

*Your Own Answer*_____

_____

Q633

Je te donne <u>mon papier.</u>
Je te _____ donne.

*Your Own Answer*_____

_____

Correct Answers

A631

en

A632

en

A633

le

Questions

Q634

Il va parler au garçon de son livre.
Il va _____ _____ parler.

*Your Own Answer*_____

Q635

Avant que tu _____ (boire) de l'eau, fais ton devoir.

*Your Own Answer*_____

Q636

Il prend le journal pour que Pierre le _____ (lire).

*Your Own Answer*_____

Correct Answers

A634

lui, en

A635

boives

A636

lise

Questions

Q637

Les deux filles sont très _____ (décontracté).

*Your Own Answer*_____

Q638

Ils étaient _____ (décontracté).

*Your Own Answer*_____

Q639

Je crains que nous _____ (avoir) de la pollution.

*Your Own Answer*_____

Correct Answers

A637

décontractées

A638

décontractés

A639

ayons

Questions

J'ai peur que tu _____ (tomber).

*Your Own Answer*_____

Je serais bien content que tu _____ (faire) du judo.

*Your Own Answer*_____

J'aimerais que vous _____ (mettre) la table.

*Your Own Answer*_____

Correct Answers

A640

tombes

A641

fasses

A642

mettiez

Questions

Q643

C'est dommage que nous _____ (aller) à New York.

*Your Own Answer*_____

Q644

Je regrette que vous ne _____ (savoir) pas la réponse.

*Your Own Answer*_____

Q645

C'est incroyable que vous _____ (pouvoir) le faire.

*Your Own Answer*_____

Correct Answers

A643

allions

A644

sachiez

A645

puissiez

Questions

Q646

Ça m'étonne que tu _____ (être) sage.

*Your Own Answer*_____

Q647

Je suis étonné qu'il _____ (avoir) une belle voiture.

*Your Own Answer*_____

Q648

Je suis surpris que tu _____ (avoir) deux chats.

*Your Own Answer*_____

Correct Answers

A646

sois

A647

ait

A648

aies

Questions

Q649

En _____ (lire) le journal, elle a écouté la radio.

*Your Own Answer*_____

Q650

Ils ont _____ (créer) une émission.

*Your Own Answer*_____

Q651

Gigi _____ (prendre) les cartes hier.

*Your Own Answer*_____

Correct Answers

lisant

créé

a pris

Questions

Q652

En _____ (attendre) la fille, il a lu un livre.

*Your Own Answer*_____

Q653

Il serait préférable que tu _____ (vouloir) deux réponses.

*Your Own Answer*_____

Q654

Il serait inutile que vous _____ (savoir) la réponse.

*Your Own Answer*_____

Correct Answers

A652

attendant

A653

veuilles

A654

sachiez

Questions

Q655

Il serait mieux qu'ils _____ (aller) à New York.

*Your Own Answer*_____

Q656

Il vaut mieux que nous _____ (être) ici.

*Your Own Answer*_____

Q657

J'avais le courage _____ parler.

*Your Own Answer*_____

Correct Answers

A655

aillent

A656

soyons

A657

de

Questions

Q658

J'ai le droit _____ travailler.

*Your Own Answer*_____

_____

Q659

J'ai l'occasion _____ danser.

*Your Own Answer*_____

_____

Q660

J'ai envie _____ faire la vaisselle.

*Your Own Answer*_____

_____

Correct Answers

A658

de

A659

de

A660

de

Questions

Q661

Elle a oublié _____ faire ses devoirs.

*Your Own Answer*_____

Q662

Il continue _____ poser des questions.

*Your Own Answer*_____

Q663

Il commence _____ partir.

*Your Own Answer*_____

Correct Answers

de

de

à

Questions

Q664

J'ai décidé _____ aller à New York.

*Your Own Answer*_____

Q665

_____ , je m'appelle Pierre.

*Your Own Answer*_____

Q666

Nous avons proposé _____ écrire l'article.

*Your Own Answer*_____

Correct Answers

A664

d'

A665

Moi

A666

d'

Questions

Q667

J'ai refusé _____ y aller.

*Your Own Answer*_____

Q668

Il a essayé _____ laver la voiture.

*Your Own Answer*_____

Q669

J'apprends _____ jouer aux échecs.

*Your Own Answer*_____

Correct Answers

A667

d'

A668

de

A669

à

Questions

Q670

J'ai raison _____ parler.

*Your Own Answer*_____

Q671

Je suis obligé _____ partir.

*Your Own Answer*_____

Q672

_____ , tu as de l'argent?

*Your Own Answer*_____

Correct Answers

A670

de

A671

de

A672

Toi

Questions

Q673

_____ , elle est belle.

*Your Own Answer*_____

Q674

_____ , il parle français.

*Your Own Answer*_____

Q675

_____ , nous y allons.

*Your Own Answer*_____

Correct Answers

A673

Elle

A674

Lui

A675

Nous

Questions

Q676

_____ , vous écrivez une lettre?

*Your Own Answer*_____

Q677

_____ , ils sont beaux.

*Your Own Answer*_____

Q678

Il est important qu'il _____ (être) ici.

*Your Own Answer*_____

Correct Answers

A676

Vous

A677

Eux

A678

soit

Questions

Q679

Il suffit que nous _____ (avoir) de l'argent.

*Your Own Answer*_____

Q680

Je _____ (devoir) faire quoi?

*Your Own Answer*_____

Q681

Il est indispensable qu'il _____ (faire) un film vidéo.

*Your Own Answer*_____

Correct Answers

A679

ayons

A680

dois

A681

fasse

Questions

Q682

Il est essentiel que tu _____ (aller) au marché.

*Your Own Answer*_____

Q683

Demain, je _____ (voir) ce que je peux faire.

*Your Own Answer*_____

Q684

Ils ont _____ (servir) du poulet.

*Your Own Answer*_____

Correct Answers

A682

ailles

A683

verrai

A684

servi

Questions

Q685

On se sert _____ un journal.

*Your Own Answer*_____

Q686

A _____ ça sert?

*Your Own Answer*_____

Q687

Nous _____ (se plaindre) au prof hier.

*Your Own Answer*_____

Correct Answers

A685

d'

A686

quoi

A687

nous sommes plaints

Questions

Q688

Il faut que tu _____ (plaindre) souvent.

*Your Own Answer*_____

Q689

Quand je lui ai téléphoné, il _____ (partir).

*Your Own Answer*_____

Q690

Elle m'a conseillé _____ chanter.

*Your Own Answer*_____

Correct Answers

A688

plaignes

A689

était parti

A690

de

Questions

Q691

Elle m'a demandé si j'_____ (penser) à la question.

*Your Own Answer*_____

Q692

Il a dit qu'il _____ (rester) à l'école.

*Your Own Answer*_____

Q693

Elle a dit qu'elle _____ (rester) à l'école.

*Your Own Answer*_____

Correct Answers

A691

avais pensé

A692

était resté

A693

restait

Questions

Q694

Quelle voiture aime-t-elle?
_____ aime-t-elle?

*Your Own Answer*_____

Q695

Quels produits aimez-vous?
_____ aimez-vous?

*Your Own Answer*_____

Q696

_____ publicités aimez-vous?

*Your Own Answer*_____

Correct Answers

A694

Laquelle

A695

Lesquels

A696

Quelles

Questions

Q697

Nous sommes tous _____ (différent).

*Your Own Answer*_____

Q698

Ils se sont _____ (téléphoner).

*Your Own Answer*_____

Q699

Tu as acheté <u>ta voiture.</u>
Tu as acheté _____ .

*Your Own Answer*_____

Correct Answers

différents

téléphones

la tienne

Questions

Q700

J'ai perdu <u>mes cassettes.</u>
J'ai perdu _____ .

*Your Own Answer*_____

Q701

Il emmène <u>sa sœur.</u>
Il emmène _____ .

*Your Own Answer*_____

Q702

<u>La télé de Robert</u> est nouvelle.
_____ est nouvelle.

*Your Own Answer*_____

Correct Answers

A700

les miennes

A701

la sienne

A702

La sienne

Questions

Q703

Un _____ (beau) hôtel.

*Your Own Answer*_____

Q704

Ils se sont _____ (regarder).

*Your Own Answer*_____

Q705

Elles se sont _____ (revoir).

*Your Own Answer*_____

Correct Answers

A703

bel

A704

regardés

A705

revues

Questions

Q706

Il a parlé lentement afin que nous _____ (pouvoir) le comprendre.

*Your Own Answer*_____

Q707

Nous étions contents que Georges ne _____ pas (partir).

*Your Own Answer*_____

Q708

Veux-tu qu'on _____ (aller) à New York?

*Your Own Answer*_____

Correct Answers

A706

puissions

A707

parte

A708

aille

Questions

Nous doutons que Jacques _____ (venir) aujourd'hui.

*Your Own Answer*_____

A moins qu'il _____ (venir), nous ne partirons pas.

*Your Own Answer*_____

Il est nécessaire que vous _____ (prendre) le parapluie.

*Your Own Answer*_____

Correct Answers

A709

vienne

A710

vienne

A711

preniez

Questions

Q712

J'ai peur qu'elle ne _____ (faire) rien à la maison.

*Your Own Answer*_____

Q713

_____ , elle commencera l'école.

*Your Own Answer*_____

Q714

Mon amie est danseuse, mais elle ne danse pas _____ (doux).

*Your Own Answer*_____

Correct Answers

A712

fasse

A713

Demain

A714

doucement

Questions

Q715

Cette robe est très _____ (cher).

*Your Own Answer*_____

Q716

C'est une _____ (faux) fourrure.

*Your Own Answer*_____

Q717

(Today) _____ , je vais chez ma grand-mère.

*Your Own Answer*_____

Correct Answers

A715

chère

A716

fausse

A717

Aujourd'hui

Questions

Q718

Les étudiants étudient _____ (sérieux).

*Your Own Answer*_____

Q719

Il joue au football _____ (heureux).

*Your Own Answer*_____

Q720

On entend avec les _____ .

*Your Own Answer*_____

Correct Answers

sérieusement

heureusement

oreilles

Questions

Q721

On goûte avec la _____ .

*Your Own Answer*_____

Q722

Je veux que nous _____ (boire) du lait.

*Your Own Answer*_____

Q723

Il faut que nous _____ (prendre) le bus.

*Your Own Answer*_____

Correct Answers

A721

langue

A722

buvions

A723

prenions

Questions

Q724

Il va falloir décider _____ partir.

*Your Own Answer*_____

Q725

Ils ne veulent pas que nous _____ (sortir) tous les soirs.

*Your Own Answer*_____

Q726

Il est inutile que nous nous _____ (dépêcher).

*Your Own Answer*_____

Correct Answers

A724

de

A725

sortions

A726

dépêchions

Questions

Q727

Quand il fait _____ dehors, il faut mettre un short.

*Your Own Answer*_____

Q728

Elle a mis une _____ de soir à la fête.

*Your Own Answer*_____

Q729

Quand il pleut dehors, il faut mettre un _____.

*Your Own Answer*_____

Correct Answers

A727

chaud

A728

robe

A729

imperméable

Questions

Q730

Quand il fait froid, il faut mettre _____ autour de son cou.

*Your Own Answer*_____

Q731

Parce qu'il a un trou dans les _____ , il a souvent froid aux pieds.

*Your Own Answer*_____

Q732

Il aime beaucoup le café _____ lait.

*Your Own Answer*_____

Correct Answers

A730

une écharpe

A731

chaussures

A732

au

Questions

Q733

Le garçon _____ (avoir) dix ans.

*Your Own Answer*_____

_____

Q734

_____ fait froid.

*Your Own Answer*_____

_____

Q735

On trouve du sable _____ plage.

*Your Own Answer*_____

_____

Correct Answers

A733

a

A734

Il

A735

à la

Questions

Q736

Elles sont _____ (rentrer).

*Your Own Answer*_____

Q737

La fille est _____ (mignon).

*Your Own Answer*_____

Q738

De crainte qu'il _____ (pleuvoir), il prend toujours son imperméable.

*Your Own Answer*_____

Correct Answers

A736

rentrées

A737

mignonne

A738

pleuve

Questions

Q739

N' _____ pas peur (tu).

*Your Own Answer*_____

Q740

Je désire qu'ils _____ (revenir) maintenant!

*Your Own Answer*_____

Q741

Il est possible que cette femme _____ (vouloir) mon journal.

*Your Own Answer*_____

Correct Answers

A739

aie

A740

reviennent

A741

veuille

Questions

Q742

N'as-tu pas peur que nous nous _____ (tromper)?

*Your Own Answer*_____

Q743

J'exige que vous _____ (faire) le linge.

*Your Own Answer*_____

Q744

Il est regrettable qu'ils ne _____ (pouvoir) pas venir à la fête.

*Your Own Answer*_____

Correct Answers

A742

trompions

A743

fassiez

A744

puissent

Questions

Q745

Quoique Joël _____ (faire), il ne réussit jamais.

*Your Own Answer*_____

Q746

Il écrit _____ sa sœur.

*Your Own Answer*_____

Q747

J'ai souvent _____ mal à lire.

*Your Own Answer*_____

Correct Answers

A745

fasse

A746

à

A747

du

Questions

Q748

J'_____ vingt-deux ans.

*Your Own Answer*_____

Q749

Jean et Marie, _____ attention!

*Your Own Answer*_____

Q750

Le chirurgien travaille _____ (précis).

*Your Own Answer*_____

Correct Answers

A748

ai

A749

faites

A750

précisement

Questions

Q751

Il faut que nous attendions à la gare jusqu'à ce qu'ils _____ (venir).

*Your Own Answer*_____

Q752

Elle attendra son ami jusqu'à ce qu'il _____ (revenir) du travail.

*Your Own Answer*_____

Q753

Il est douteux qu'elles _____ (connaître) le président.

*Your Own Answer*_____

Correct Answers

A751

viennent

A752

revienne

A753

connaissent

Questions

Q754

Il est douteux qu'il le _____ (faire).

*Your Own Answer*_____

Q755

Bien qu'il _____ (savoir) la vérité, il reste silencieux.

*Your Own Answer*_____

Q756

Je crois que le train _____ (venir) tout de suite.

*Your Own Answer*_____

Correct Answers

A754

fasse

A755

sache

A756

vient

Questions

Q757

Il faut que nous _____ (faire) le travail.

*Your Own Answer*_____

Q758

Il faut que tu _____ (rendre) le livre.

*Your Own Answer*_____

Q759

Les étudiants veulent que nous _____ (faire) la grève.

*Your Own Answer*_____

Correct Answers

A757

fassions

A758

rendes

A759

fassions

Questions

Q760

Il fallait qu'elle _____ (comprendre) le texte.

*Your Own Answer*_____

Q761

Il est certain que nous _____ (faire) la grève.

*Your Own Answer*_____

Q762

Tu _____ (venir) comment à l'école?

*Your Own Answer*_____

Correct Answers

A760

comprenne

A761

faisons

A762

viens

Questions

Q763

Je doute qu'elle _____ (venir).

*Your Own Answer*_____

Q764

Il est peu probable qu'il _____ (choisir) la bonne réponse.

*Your Own Answer*_____

Q765

Je préfère que nous _____ (avoir) un bon dîner au restaurant.

*Your Own Answer*_____

Correct Answers

A763

vienne

A764

choisisse

A765

ayons

Questions

Q766

On était étonné que Marcel _____ (avoir) mal à la tête.

*Your Own Answer*_____

Q767

C'est dommage que je ne _____ (être) pas bon en mathématiques.

*Your Own Answer*_____

Q768

Il va falloir que je m'en _____ (aller).

*Your Own Answer*_____

Correct Answers

A766

ait eu

A767

sois

A768

aille

Questions

Q769

Bien qu'elle _____ (connaître) l'homme, elle ne veut pas aller au cinéma avec lui.

*Your Own Answer*_____

Q770

Il vaut mieux que vous _____ (venir) demain soir.

*Your Own Answer*_____

Q771

Nous voulons que tu _____ (finir) tes devoirs.

*Your Own Answer*_____

Correct Answers

A769

connaisse

A770

veniez

A771

finisses

Questions

_____ , nous avons loué une voiture.

Your Own Answer_____

Le garçon _____ froid.

Your Own Answer_____

L'Opéra est _____ (pas près) de chez nous.

Your Own Answer_____

Correct Answers

A772

Hier

A773

a

A774

loin

Questions

Qu'il s'en _____ (aller)!

Your Own Answer_____

_____ (vivre) la France!

Your Own Answer_____

Est-ce qu'il me _____ (falloir) déménager?

Your Own Answer_____

Correct Answers

A775

aille

A776

Vive

A777

faut

Questions

Ma mère _____ toujours raison.

*Your Own Answer*_____

_____ -tu sommeil maintenant?

*Your Own Answer*_____

Ils _____ tort.

*Your Own Answer*_____

Correct Answers

A778

a

A779

As

A780

ont

Questions

Q781

C'est l'heure _____ dîner.

Your Own Answer_____

Q782

_____ -vous chaud maintenant?

Your Own Answer_____

Q783

Dorothée a _____ à la tête.

Your Own Answer_____

Correct Answers

A781

de

A782

Avez

A783

mal

Questions

Q784

Je vais le voir _____ concert.

*Your Own Answer*_____

Q785

_____ te fait mal?

*Your Own Answer*_____

Q786

Il est important _____ bien manger.

*Your Own Answer*_____

Correct Answers

A784

au

A785

Ça

A786

de

Questions

Q787

Nous _____ froid. (We are cold.)

*Your Own Answer*_____

Q788

J'irai chez le dentiste _____ .

*Your Own Answer*_____

Q789

Je lui ai _____ (téléphoner).

*Your Own Answer*_____

Correct Answers

A787

avons

A788

demain

A789

téléphoné

Questions

La fille est _____ (tomber).

*Your Own Answer*_____

Jeanne est _____ (partir).

*Your Own Answer*_____

_____, j'ai joué au basket.

*Your Own Answer*_____

Correct Answers

A790

tombée

A791

partie

A792

Hier

Questions

Q793

C'est Adrienne qui travaille _____ moins souvent dans la famille.

*Your Own Answer*_____

Q794

Pierre joue de la flûte _____ que Jeanne.

*Your Own Answer*_____

Q795

Est-ce que tu en as _____ (avoir)?

*Your Own Answer*_____

Correct Answers

A793

le

A794

mieux

A795

eu

Questions

Q796

Nous _____ en train de manger.

*Your Own Answer*_____

Q797

Vous m'avez _____ (mentir).

*Your Own Answer*_____

Q798

Elle a beaucoup _____ (boire).

*Your Own Answer*_____

Correct Answers

A796

sommes

A797

menti

A798

bu

Questions

Q799

Il faut passer _____ eux.

*Your Own Answer*_____

Q800

Tu _____ peur de lui maintenant?

*Your Own Answer*_____

Q801

Ils _____ honte de leurs actions.

*Your Own Answer*_____

Correct Answers

A799

chez

A800

as

A801

ont

Questions

Q802

Il _____ la musique de Bach.
Il _____ jouer au foot aussi.

*Your Own Answer*_____

Q803

Je _____ bien New York.

*Your Own Answer*_____

Q804

Jamie étudie la flûte _____ deux ans.

*Your Own Answer*_____

Correct Answers

A802

connaît
sait

A803

connais

A804

depuis

Questions

Q805

Elle est heureuse que tu _____ (comprendre) le texte.

*Your Own Answer*_____

Q806

Ils sont _____ (spécial).

*Your Own Answer*_____

Q807

Elles sont _____ (sportif).

*Your Own Answer*_____

Correct Answers

A805

comprennes

A806

spéciaux

A807

sportives

Questions

Q808

Déjeunes-tu à la cantine _____ (spécial).

*Your Own Answer*_____

Q809

Ma _____ (beau) sœur habite à Paris.

*Your Own Answer*_____

Q810

Je parle _____ (parfait).

*Your Own Answer*_____

Correct Answers

A808

spéciale

A809

belle

A810

parfaitement

Questions

Elle mange _____ (certain) ce soir.

*Your Own Answer*_____

Il travaille _____ (heureux).

*Your Own Answer*_____

On travaille _____ (gai).

*Your Own Answer*_____

Correct Answers

A811

certainement

A812

heureusement

A813

gaiement

Questions

Q814

Elle avance _____ (lent).

*Your Own Answer*_____

Q815

Il craint que nous _____ (manger) trop vite.

*Your Own Answer*_____

Q816

Il est douteux que nous _____ (venir) ce soir.

*Your Own Answer*_____

Correct Answers

A814

lentement

A815

mangions

A816

venions

Questions

Q817

Il est temps que tu _____ (boire) de l'eau.

*Your Own Answer*_____

Q818

Il est important que nous _____ (étudier).

*Your Own Answer*_____

Q819

Il fallait que nous _____ (aller) à l'école à l'heure.

*Your Own Answer*_____

Correct Answers

A817

boives

A818

étudions

A819

allions

Questions

Q820

Il faut que nous _____ (avoir) la voiture.

*Your Own Answer*_____

Q821

Voulez-vous que nous _____ (venir) chez vous tout de suite?

*Your Own Answer*_____

Q822

Pense-t-il qu'elle _____ (revenir) bientôt?

*Your Own Answer*_____

Correct Answers

A820

ayons

A821

venions

A822

revienne

Questions

Q823

Bien qu'il _____ (boire) beaucoup, il a toujours soif.

*Your Own Answer*_____

Q824

Nous sommes _____ (fatigué).

*Your Own Answer*_____

Q825

Rien d'amusant _____ (arriver) hier!

*Your Own Answer*_____

Correct Answers

A823

boive

A824

fatigués

A825

est arrivé

Questions

Q826

Est-ce que nous _____ (aller) manger?

*Your Own Answer*_____

Q827

Non, je ne connais _____ de riche.

*Your Own Answer*_____

Q828

Est-ce que vous _____ (avoir) un cours?

*Your Own Answer*_____

Correct Answers

allons

personne

avez

Questions

Q829

Elle lit _____ (tranquille).

*Your Own Answer*_____

Q830

On a gagné le match _____ (parfait).

*Your Own Answer*_____

Q831

Ce magasin est _____ (vrai) grand.

*Your Own Answer*_____

Correct Answers

A829

tranquillement

A830

parfaitement

A831

vraiment

Questions

Q832

Est-il nécessaire que tu _____ (aller) en France?

*Your Own Answer*_____

Q833

Je souhaite que tu _____ (prendre) l'avion.

*Your Own Answer*_____

Q834

Il mange _____ (rapide).

*Your Own Answer*_____

Correct Answers

A832

ailles

A833

prennes

A834

rapidement

Questions

Il l'a fait _____ (complet).

Your Own Answer_____

Il aime _____ (intense).

Your Own Answer_____

On pourra _____ (rapide) terminer le projet.

Your Own Answer_____

Correct Answers

A835

complètement

A836

intensément.

A837

rapidement

Questions

Q838

Il arrive à s'exprimer _____ (facile).

*Your Own Answer*_____

Q839

Elle rit _____ (vif).

*Your Own Answer*_____

Q840

Joël marche _____ (rapide).

*Your Own Answer*_____

Correct Answers

A838

facilement

A839

vivement

A840

rapidement

Questions

Il parle _____ (profond).

*Your Own Answer*_____

Il joue _____ (vif).

*Your Own Answer*_____

Vous dansez _____ (drôle).

*Your Own Answer*_____

Correct Answers

A841

profondément

A842

vivement

A843

drôlement

Questions

Nous dînons _____ (continuel) au restaurant.

*Your Own Answer*_____

Je vais _____ (heureux) chez Marie.

*Your Own Answer*_____

Je vais _____ (lent) à la piscine.

*Your Own Answer*_____

Correct Answers

A844

continuellement

A845

heureusement

A846

lentement

Questions

Q847

Il joue au piano _____ (passionné).

*Your Own Answer*_____

_____

Q848

Elle n'arrive pas à parler _____ (naturel).

*Your Own Answer*_____

_____

Q849

Il y a _____ bruit dans la rue.

*Your Own Answer*_____

_____

Correct Answers

A847

passionnément

A848

naturellement

A849

du

Questions

Q850

Il faut que vous _____ (voir) le prof à midi.

*Your Own Answer*_____

Q851

Je vais au restaurant _____ (gai).

*Your Own Answer*_____

Q852

Il attend _____ (heureux) à la maison.

*Your Own Answer*_____

Correct Answers

A850

voyiez

A851

gaiement

A852

heureusement

Questions

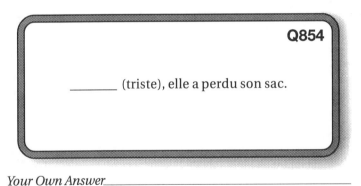

Q853

Elle voit tout _____ (triste).

*Your Own Answer*_____

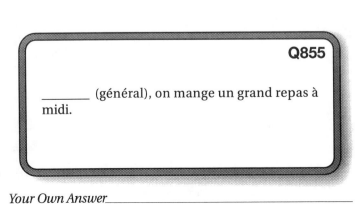

Q854

_____ (triste), elle a perdu son sac.

*Your Own Answer*_____

Q855

_____ (général), on mange un grand repas à midi.

*Your Own Answer*_____

Correct Answers

A853

tristement

A854

Tristement

A855

Généralement

Questions

Q856

Il _____ beau!

*Your Own Answer*_____

Q857

Tu as été _____ (juste) ému.

*Your Own Answer*_____

Q858

C'était _____ (vrai) grave.

*Your Own Answer*_____

Correct Answers

A856

est/fait

A857

justement

A858

vraiment

Questions

Q859

Il a les yeux _____ (bleu).

*Your Own Answer*_____

Q860

Mon ami habite _____ (à) Canada.

*Your Own Answer*_____

Q861

Je voudrais aller _____ (à) New York.

*Your Own Answer*_____

Correct Answers

A859

bleus

A860

au

A861

à

Questions

Q862

Avant d'aller en vacances, il faudra acheter _____ .

*Your Own Answer*_____

Q863

Nous allons _____ (à) cinéma pour voir des films le lundi.

*Your Own Answer*_____

Q864

Pour envoyer une lettre, il faut aller _____ (à) bureau de poste.

*Your Own Answer*_____

Correct Answers

A862

des chêques de voyage

A863

au

A864

au

Questions

Q865

Pour mon anniversaire, ma mère fait toujours le même gâteau _____ chocolat.

*Your Own Answer*_____

Q866

Elle vendait des vêtements.
Elle était _____ .

*Your Own Answer*_____

Q867

J'espère que le cours _____ (commencer) à l'heure.

*Your Own Answer*_____

Correct Answers

A865

au

A866

vendeuse

A867

commencera

Questions

Q868

Elle conduisait un avion.
Elle était _____ .

*Your Own Answer*_____

Q869

Il enseignait à l'université.
Il était _____ .

*Your Own Answer*_____

Q870

Quoique vous _____ (faire), vous ne finissez
pas vos devoirs!

*Your Own Answer*_____

Correct Answers

A868

pilote

A869

professeur

A870

fassiez

Questions

Q871

Après le dîner, on aime bien boire _____ .

*Your Own Answer*_____

Q872

Ils prennent toujours _____ avant le dîner.

*Your Own Answer*_____

Q873

Vous avez fait _____ (précis) ce que je voulais.

*Your Own Answer*_____

Correct Answers

A871

un digestif

A872

un apéritif

A873

precisément

Questions

Q874

Le ciel est souvent _____ .

*Your Own Answer*_____

Q875

Quand elle devient timide, ses joues deviennent _____ .

*Your Own Answer*_____

Q876

La neige est _____, pas noire.

*Your Own Answer*_____

Correct Answers

A874

bleu

A875

rouges

A876

blanche

Questions

Q877

Il faut que je _____ (réussir) à mes examens.

*Your Own Answer*_____

Q878

La fille de ma tante est ma _____ .

*Your Own Answer*_____

Q879

On peut acheter des livres à la _____ (book-store).

*Your Own Answer*_____

Correct Answers

A877

réussisse

A878

cousine

A879

librairie

Questions

La sœur de ma mère est ma _____ .

*Your Own Answer*_____

Le mari de ma mère est mon _____ .

*Your Own Answer*_____

Le bébé de mon frère et ma belle sœur est mon

_____ .

*Your Own Answer*_____

Correct Answers

A880

tante

A881

père

A882

neveu

Questions

Le mari de ma sœur est mon _____ .

*Your Own Answer*_____

La couleur de la betterave est souvent _____ .

*Your Own Answer*_____

Les enfants aiment bien boire _____ quand il fait froid dehors.

*Your Own Answer*_____

Correct Answers

A883

beau frère

A884

rouge

A885

du chocolat chaud

Questions

Q886

Pierre _____ (aller) toujours chez eux.

*Your Own Answer*_____

Q887

André parle _____ (doux).

*Your Own Answer*_____

Q888

Est-ce que tu _____ (connaître) cette fille?

*Your Own Answer*_____

Correct Answers

A886

allait

A887

doucement

A888

connais

Questions

Q889

Parmi _____ foule, il y a cent femmes.

*Your Own Answer*_____

Q890

Les bâtiments sont très _____ (joli).

*Your Own Answer*_____

Q891

Malheureusement, il ne _____ (connaître)
pas cette fille.

*Your Own Answer*_____

Correct Answers

A889

la

A890

jolis

A891

connaît

Questions

Q892

Le crayon est _____ mon sac.

*Your Own Answer*_____

Q893

Il faudra acheter des fleurs _____ les voisins.

*Your Own Answer*_____

Q894

Il y a une cloche _____ (pas loin) des deux portes.

*Your Own Answer*_____

Correct Answers

A892

dans

A893

pour

A894

près

Questions

Q895

J'ai _____ (acheter) mon billet.

*Your Own Answer*_____

Q896

Ils ne sont pas _____ (decendre).

*Your Own Answer*_____

Q897

Il arrivera _____ (de nouveau) en retard.

*Your Own Answer*_____

Correct Answers

A895

acheté

A896

descendus

A897

encore

Questions

Q898

As-tu _____ (voir) mes amis?

*Your Own Answer*_____

_____

Q899

Je crois qu'il _____ (venir).
Je ne crois pas qu'il _____ (venir).

*Your Own Answer*_____

_____

Q900

Tu es prêt _____ manger?

*Your Own Answer*_____

_____

Correct Answers

A898

vu

A899

vient
vienne

A900

à

Questions

Q901

Elle _____ (trouver) sa robe demain.

*Your Own Answer*_____

Q902

Pourquoi va-t-elle _____ (à) travail si tôt?

*Your Own Answer*_____

Q903

Nous nous _____ (revoir) demain soir.

*Your Own Answer*_____

Correct Answers

A901

trouvera

A902

au

A903

reverrons

Questions

Q904

Elle traverse la rue _____ (prudent).

*Your Own Answer*_____

Q905

Elle travaille _____ (décidé).

*Your Own Answer*_____

Q906

Tu fais _____ (facile) le devoir.

*Your Own Answer*_____

Correct Answers

A904

prudemment

A905

décidément

A906

facilement

Questions

Q907

Ils _____ (faire) du foot.

*Your Own Answer*_____

Q908

Je _____ (aller) au cinéma.

*Your Own Answer*_____

Q909

Tu _____ (aller) au centre commercial.

*Your Own Answer*_____

Correct Answers

A907

font

A908

vais

A909

vas

Questions

Q910

Ils _____ (aller) à Lyon.

*Your Own Answer*_____

Q911

Elle _____ (aller) étudier le français.

*Your Own Answer*_____

Q912

L'été <u>passé.</u>
L'été _____ .

*Your Own Answer*_____

Correct Answers

A910

vont

A911

va

A912

dernier

Questions

Q913

La semaine <u>passée.</u>
La semaine _____ .

*Your Own Answer*_____

Q914

Ils _____ (connaître) des gens l'année dernière.

*Your Own Answer*_____

Q915

Elle _____ (lire) un livre samedi passé.

*Your Own Answer*_____

Correct Answers

A913

dernière

A914

ont connu

A915

a lu

Questions

Q916

Elle _____ (mettre) son imperméable hier.

*Your Own Answer*_____

_____

Q917

Elle <u>a mis</u> sa robe hier.
Elle _____ sa robe hier.

*Your Own Answer*_____

_____

Q918

Nous _____ en France la semaine passée.

*Your Own Answer*_____

_____

Correct Answers

A916

a mis

A917

a porté

A918

étions

Questions

Q919

Il n' _____ pas _____ (pouvoir) venir.

*Your Own Answer*_____

Q920

Elle _____ (prendre) du lait hier.

*Your Own Answer*_____

Q921

Il n' _____ pas _____ (vouloir) aller à Paris.

*Your Own Answer*_____

Correct Answers

A919

a, pu

A920

a pris

A921

a, voulu

Questions

Q922

Tu _____ (être) en avance hier.

Your Own Answer

Q923

Il _____ (avoir) de la chance hier.

Your Own Answer

Q924

Nous _____ (avoir) un temps splendide hier.

Your Own Answer

Correct Answers

A922

as été

A923

a eu

A924

avons eu

Questions

Q925

J' _____ (répondre) hier.

*Your Own Answer*_____

Q926

Il _____ (attendre) hier.

*Your Own Answer*_____

Q927

Tu n' _____ pas encore _____ (voir) la fille.

*Your Own Answer*_____

Correct Answers

A925

ai répondu

A926

a attendu

A927

as, vu

Questions

Q928

Elle a passé ses vacances _____ (à) campagne.

*Your Own Answer*_____

Q929

3:51

*Your Own Answer*_____

Q930

12:30

*Your Own Answer*_____

Correct Answers

A928

à la

A929

Il est quatre heures moins neuf.

A930

Il est midi trente/et demi.

Questions

Correct Answers

Il est midi vingt.

Il est minuit.

Il est midi.

Questions

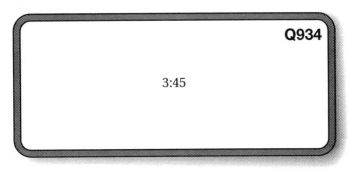

Q934

3:45

*Your Own Answer*_____

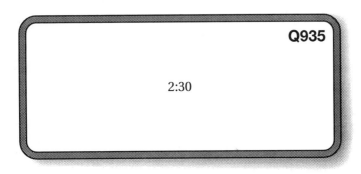

Q935

2:30

*Your Own Answer*_____

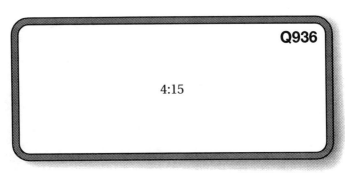

Q936

4:15

*Your Own Answer*_____

Correct Answers

A934

Il est quatre heures moins quinze/le quart.

A935

Il est deux heures trente.
Il est deux heures et demie.

A936

Il est quatre heures quinze.
Il est quatre heures et quart.

Questions

Q937

J' _____ (choisir) un livre hier.

Your Own Answer _____

Q938

Je _____ (faire) du basket.

Your Own Answer _____

Q939

Il _____ (faire) du sport.

Your Own Answer _____

Correct Answers

A937

ai choisi

A938

fais

A939

fait

Questions

Nous _____ (faire) la vaisselle.

*Your Own Answer*_____

Vous _____ (faire) de la natation.

*Your Own Answer*_____

Elles _____ (faire) du ski.

*Your Own Answer*_____

Correct Answers

A940

faisons

A941

faites

A942

font

Questions

Q943

Vous _____ (avoir) un journal.

*Your Own Answer*_____

Q944

Tu _____ (avoir) un stylomine.

*Your Own Answer*_____

Q945

J' _____ (avoir) deux francs.

*Your Own Answer*_____

Correct Answers

A943

avez

A944

as

A945

ai

Questions

Q946

Elle _____ (avoir) ses devoirs.

*Your Own Answer*_____

Q947

Nous _____ (avoir) un compas.

*Your Own Answer*_____

Q948

Elles _____ (être) belles.

*Your Own Answer*_____

Correct Answers

A946

a

A947

avons

A948

sont

Questions

Q949

Nous _____ (être) en retard.

*Your Own Answer*_____

Q950

Vous _____ (être) là-bas.

*Your Own Answer*_____

Q951

Vous _____ (écouter) la musique.

*Your Own Answer*_____

Correct Answers

A949

sommes

A950

êtes

A951

écoutez

Questions

Q952

Tu _____ (être) belle.

*Your Own Answer*_____

Q953

Vous _____ (devoir) étudier.

*Your Own Answer*_____

Q954

Elles _____ (vivre) modestement.

*Your Own Answer*_____

Correct Answers

A952

es

A953

devez

A954

vivent

Questions

Q955

La _____ de Bruxelles est connue dans le monde entier.

*Your Own Answer*_____

_____

Q956

Nous étions en train _____ acheter une voiture.

*Your Own Answer*_____

_____

Q957

Le bus est moins rapide _____ le métro.

*Your Own Answer*_____

_____

Correct Answers

A955

bière/dentelle

A956

d'

A957

que

Questions

Q958

Le bus est moins cher _____ l'avion.

*Your Own Answer*_____

Q959

<u>Pierre</u> a téléphoné?
_____ a téléphoné?

*Your Own Answer*_____

Q960

Tu cherches <u>la fille?</u>
_____ tu cherches?

*Your Own Answer*_____

Correct Answers

A958

que

A959

Qui est-ce qui

A960

Qui est-ce que

Questions

Q961

J'étais en train _____ lire.

*Your Own Answer*_____

Q962

A l'âge de seize ans, je _____ (faire) le ménage.

*Your Own Answer*_____

Q963

L'année dernière, il _____ (neiger) beaucoup.

*Your Own Answer*_____

Correct Answers

A961

de

A962

faisais

A963

neigeait

Questions

Q964

Quand j' _____ (avoir) treize ans, je _____ (ranger) ma chambre chaque semaine.

*Your Own Answer*_____

Q965

Quand j'_____ (être) petit, je _____ (manger) beaucoup de choses.

*Your Own Answer*_____

Q966

Qu'est-ce que vous _____ (faire) la semaine passée?

*Your Own Answer*_____

Correct Answers

A964

avais, rangeais

A965

étais, mangeais

A966

faisiez

Questions

Q967

Tous les week-ends, il _____ (aller) voir sa tante.

*Your Own Answer*_____

Q968

A l'âge de quatorze ans, je _____ (commencer) l'étude de français.

*Your Own Answer*_____

Q969

Quand j' _____ (avoir) dix ans, j' _____ (être) petit.

*Your Own Answer*_____

Correct Answers

A967

allait

A968

commençais

A969

avais, étais

Questions

Q970

Vous _____ (entendre) souvent le garçon
l'année dernière.

*Your Own Answer*_____

Q971

Ma sœur _____ (préparer) tous les matins le
petit déjeuner.

*Your Own Answer*_____

Q972

Il y a plus de concerts en ville _____ à la
campagne.

*Your Own Answer*_____

Correct Answers

A970

entendiez

A971

préparait

A972

qu'

Questions

Q973

Il vaut mieux qu'il _____ (prendre) la liste.

*Your Own Answer*_____

_____

Q974

Je veux que tu te _____ (nourrir) bien.

*Your Own Answer*_____

_____

Q975

Il n'a pas _____ (courir).

*Your Own Answer*_____

_____

Correct Answers

A973

prenne

A974

nourrisses

A975

couru

Questions

Je _____ (courir).

*Your Own Answer*_____

J'ai mangé <u>des fruits.</u>
J' _____ ai mangé.

*Your Own Answer*_____

J'ai vu Marie et Paul.
Je les ai _____ .

*Your Own Answer*_____

Correct Answers

A976

cours

A977

en

A978

vus

Questions

Téléphone à Jean.
Téléphone-_____ .

*Your Own Answer*_____

Je _____ (voir) mes amis là-bas.

*Your Own Answer*_____

Il va chez Renée.
_____ est-ce qu'il va?

*Your Own Answer*_____

Correct Answers

A979

lui

A980

vois

A981

Chez qui

Questions

Q982

Il a parlé <u>avec la fille.</u>
_____ a-t-il parlé?

*Your Own Answer*_____

Q983

Elle a oublié <u>son devoir.</u>
_____ elle a oublié?

*Your Own Answer*_____

Q984

Il parle <u>de l'équipe.</u>
_____ est-ce qu'il parle?

*Your Own Answer*_____

Correct Answers

A982

Avec qui

A983

Qu'est-ce qu'

A984

De quoi

Questions

Q985

Jeanne parle de Gigi.
_____ est-ce que Jeanne parle?

*Your Own Answer*_____

Q986

Il _____ (oublier) son devoir hier.

*Your Own Answer*_____

Q987

Je _____ (vivre) tranquillement.

*Your Own Answer*_____

Correct Answers

A985

De qui

A986

a oublié

A987

vis

Questions

Q988

C'est nous qui _____ (faire) tout ici.

*Your Own Answer*_____

Q989

Nous _____ (adorer) voyager.

*Your Own Answer*_____

Q990

J'aide <u>mon oncle.</u>
Je _____ aide.

*Your Own Answer*_____

Correct Answers

A988

faisons

A989

adorons

A990

l'

Questions

Q991

Il fait le ménage.
Il _____ fait.

*Your Own Answer*_____

Q992

Faites <u>la vaisselle</u>!
Faites-_____ !

*Your Own Answer*_____

Q993

Je vais donner _____ manger au chat.

*Your Own Answer*_____

Correct Answers

A991

le

A992

la

A993

à

Questions

C'est _____ filles de faire les courses.

*Your Own Answer*_____

Ça te _____ (dire) d'aller au cinéma?

*Your Own Answer*_____

Il faut que je _____ (finir) mes devoirs.

*Your Own Answer*_____

Correct Answers

A994

aux

A995

dit

A996

finisse

Questions

Q997

Est-ce que je _____ (pouvoir) sortir?

*Your Own Answer*_____

_____

Q998

Il faut qu'on _____ (attendre).

*Your Own Answer*_____

_____

Q999

Ils veulent que nous _____ (rentrer).

*Your Own Answer*_____

_____

Correct Answers

A997

peux

A998

attende

A999

rentrions

BLANK CARDS
To Make Up
Your Own Questions

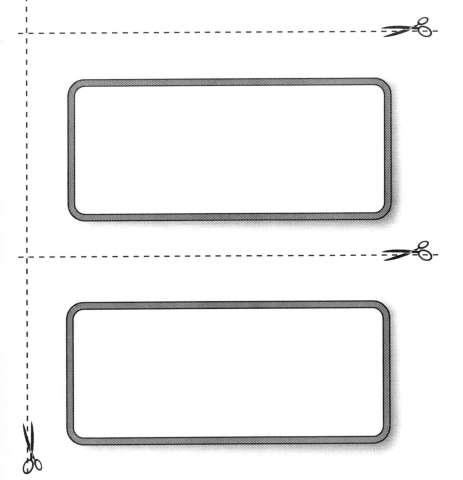

CORRECT ANSWERS
for
Your Own Questions

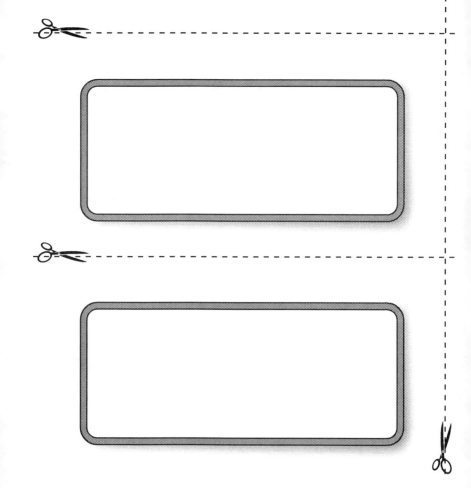

Blank Cards for *Your Own Questions*

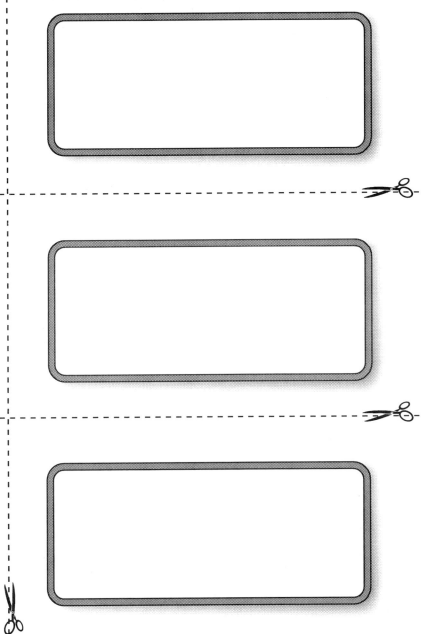

Correct Answers

Blank Cards for
Your Own Questions

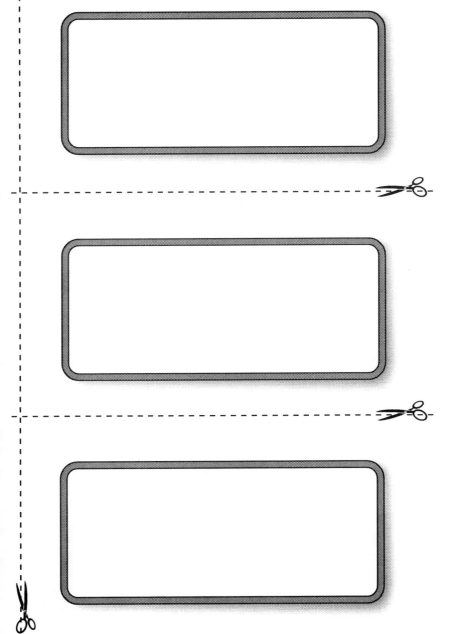

Correct Answers

Blank Cards for
Your Own Questions

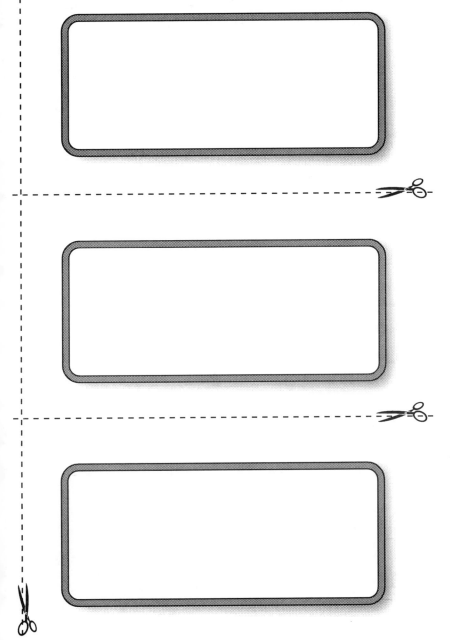

Correct Answers

Blank Cards for *Your Own Questions*

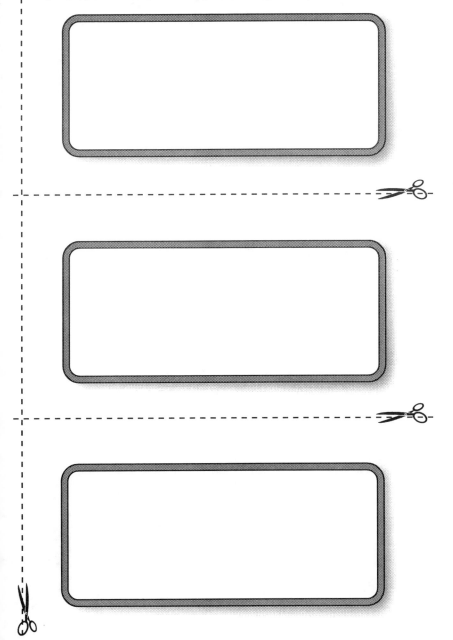

Correct Answers

Blank Cards for
Your Own Questions

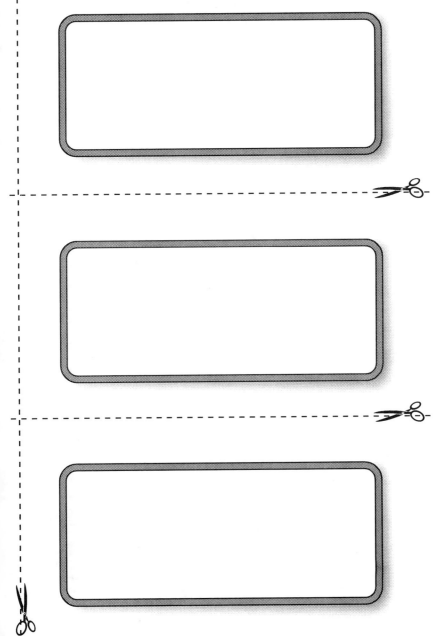

Correct Answers

Blank Cards for
Your Own Questions

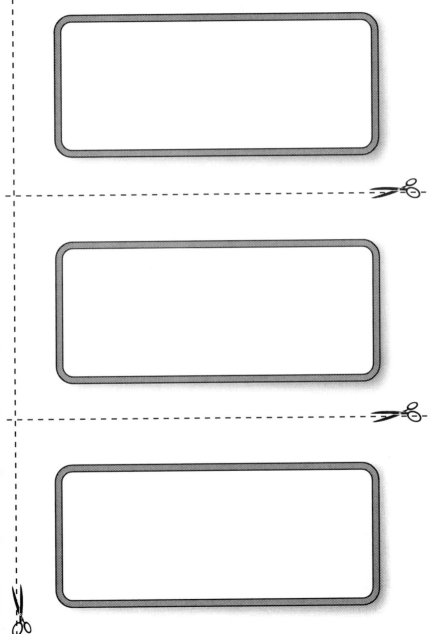

Correct Answers

Blank Cards for
Your Own Questions

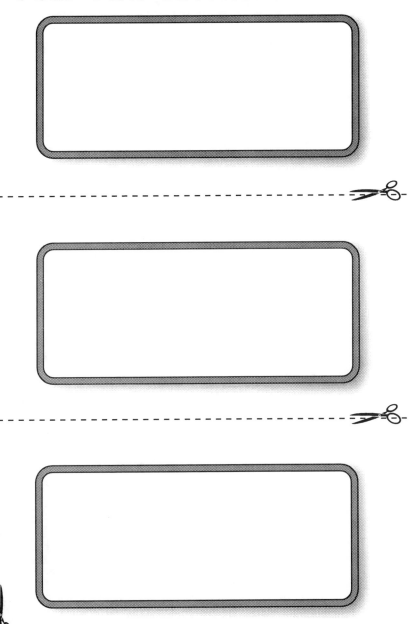

Correct Answers

Blank Cards for
Your Own Questions

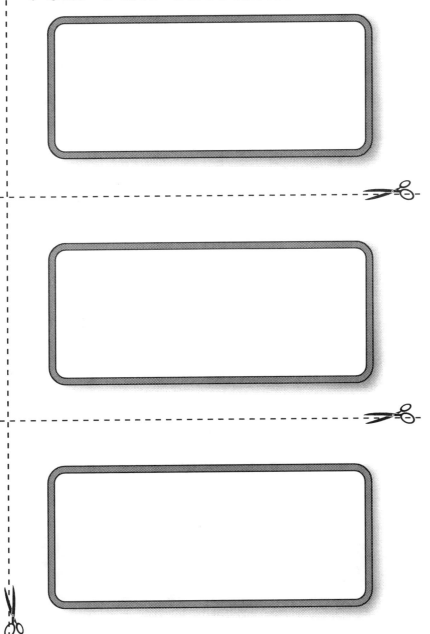

Correct Answers

Blank Cards for *Your Own Questions*

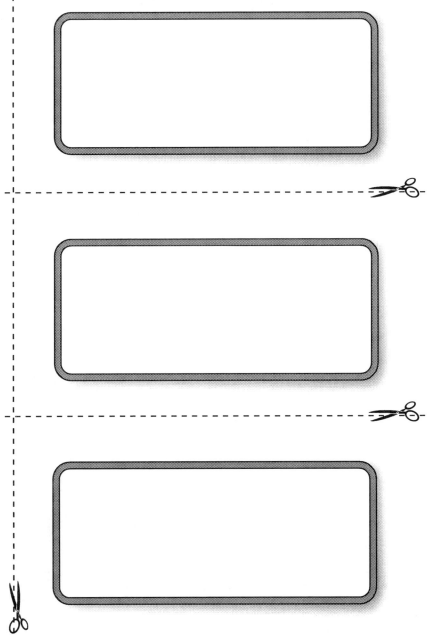

Correct Answers

Blank Cards for
Your Own Questions

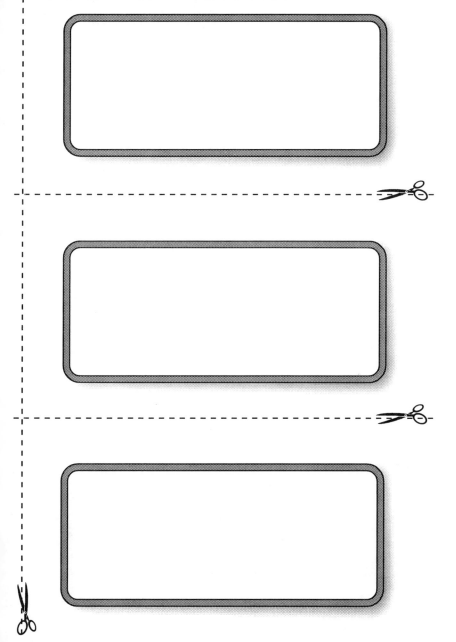

Correct Answers

Blank Cards for
Your Own Questions

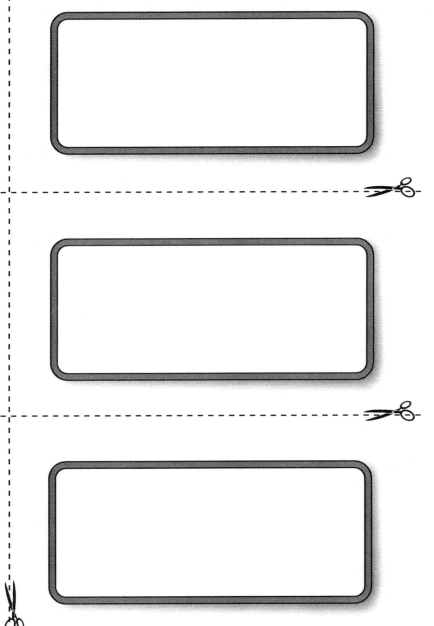

Correct Answers

Blank Cards for
Your Own Questions

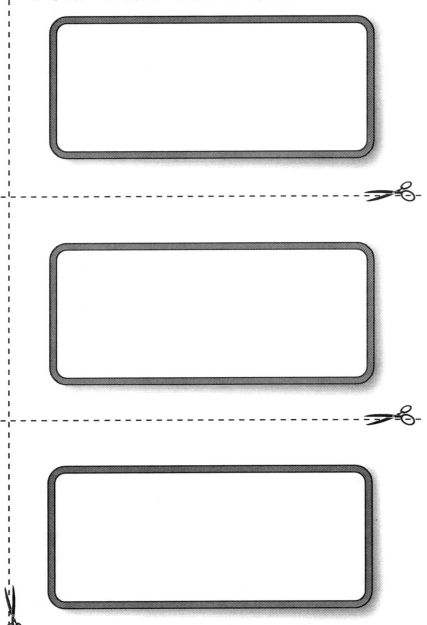

Correct Answers

Blank Cards for
Your Own Questions

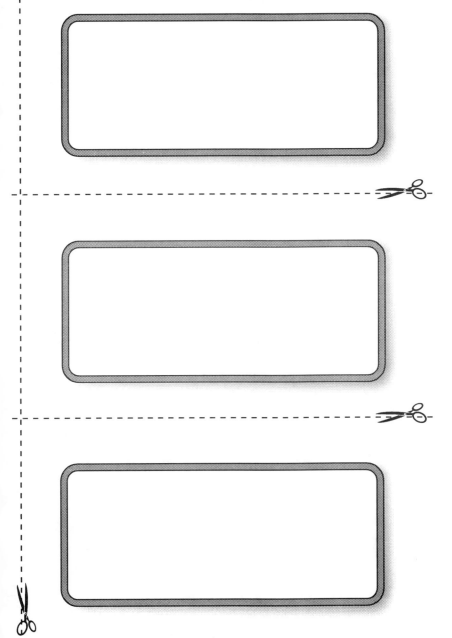

Correct Answers

Blank Cards for
Your Own Questions

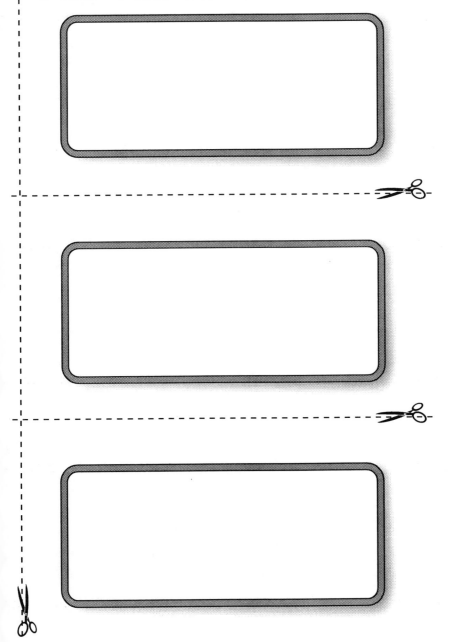

Correct Answers

Blank Cards for
Your Own Questions

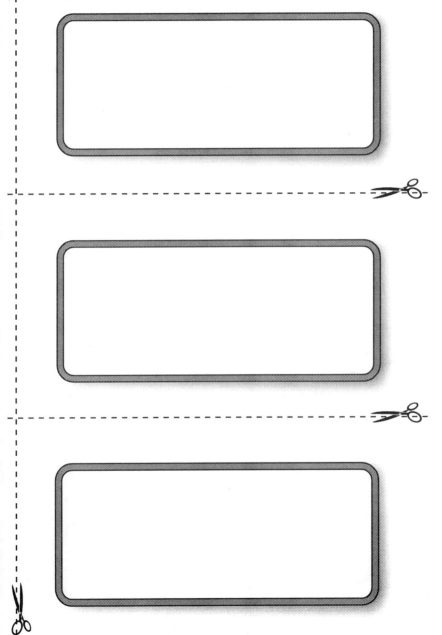

Correct Answers

Blank Cards for
Your Own Questions

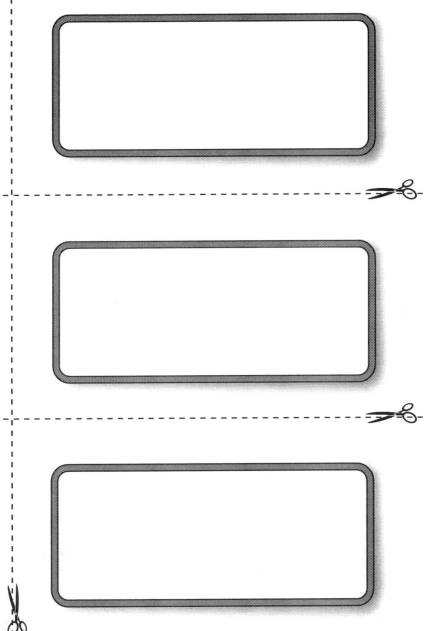

Correct Answers

Blank Cards for
Your Own Questions

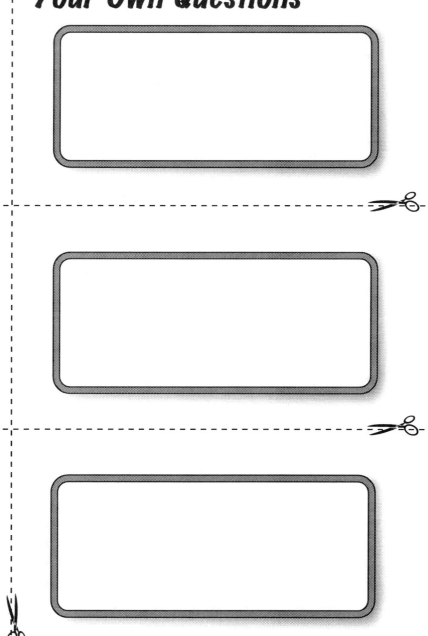

Correct Answers

Blank Cards for
Your Own Questions

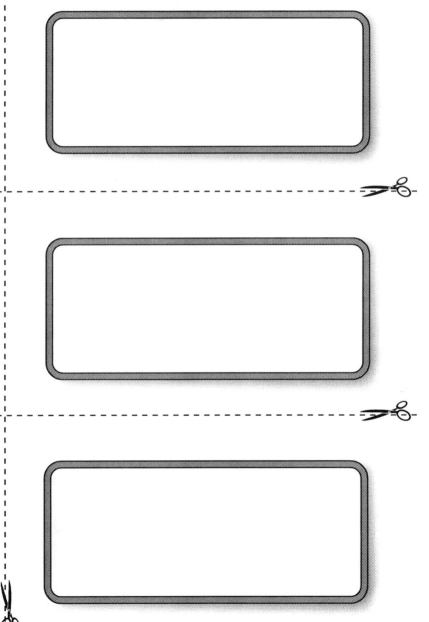

Correct Answers

Blank Cards for
Your Own Questions

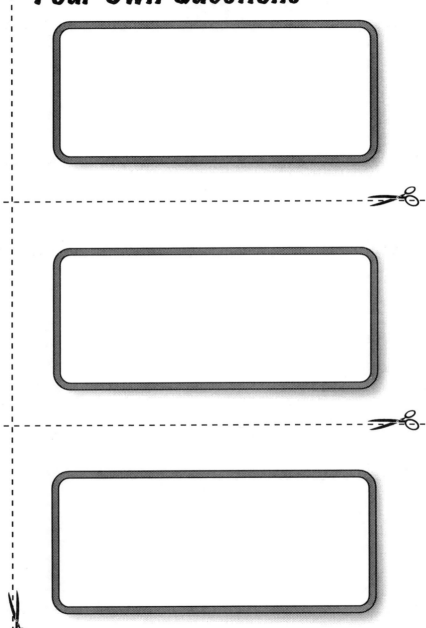

Correct Answers

Blank Cards for
Your Own Questions

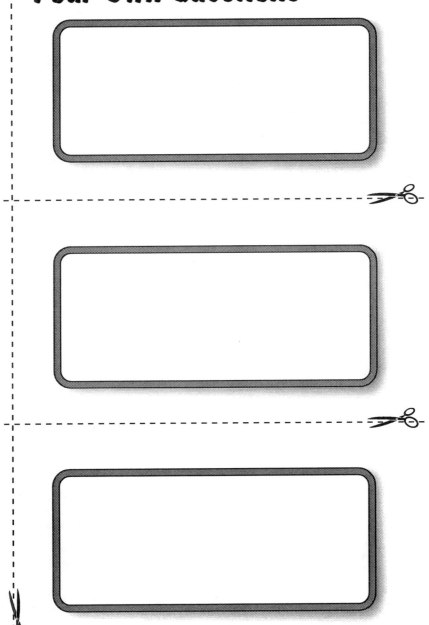

Correct Answers

Blank Cards for *Your Own Questions*

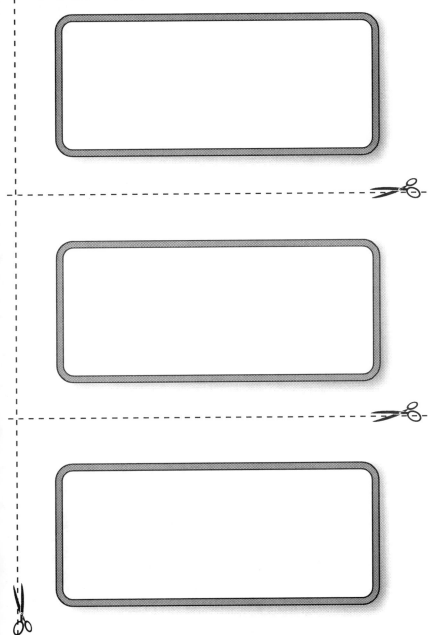

Correct Answers

Blank Cards for
Your Own Questions

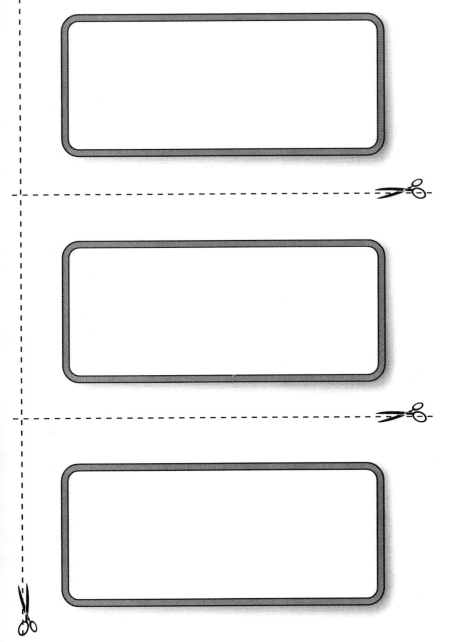

Correct Answers

INDEX

"The ESSENTIALS" of LANGUAGE

Each book in the **LANGUAGE ESSENTIALS** series offers all the essential information of the grammar and vocabulary of the language it covers. They include conjugations, irregular verb forms, and sentence structure, and are designed to help students in preparing for exams and doing homework. The **LANGUAGE ESSENTIALS** are excellent supplements to any class text or course of study.

The **LANGUAGE ESSENTIALS** are complete and concise, with quick access to needed information. They also provide a handy reference source at all times. The **LANGUAGE ESSENTIALS** are prepared with REA's customary concern for high professional quality and student needs.

Available Titles Include:

French   *Italian*

German   *Spanish*

*If you would like more information about any of these books,
complete the coupon below and return it to us or visit your local bookstore.*